COURS COMPLET DE PEINTURE A L'HUILE

(L'Art — La Science — Le Métier du Peintre)

L'OUTILLAGE
ET
LE MATÉRIEL

NÉCESSAIRES

A L'ATELIER OU EN PLEIN AIR

PAR

Ernest HAREUX

Soixante et onze gravures.

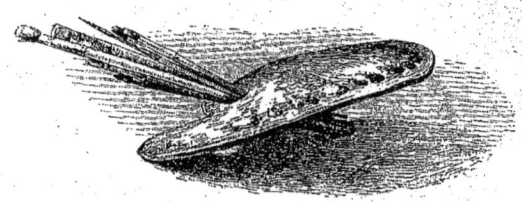

PARIS

LIBRAIRIE RENOUARD — H. LAURENS, ÉDITEUR

6, RUE DE TOURNON, 6

COURS COMPLET DE PEINTURE A L'HUILE

L'OUTILLAGE

ET

LE MATÉRIEL

COURS COMPLET DE PEINTURE A L'HUILE

L'ART — LA SCIENCE — LE MÉTIER DU PEINTRE

DIVISION DE L'OUVRAGE :

1re Partie. — **L'outillage.**
2e Partie. — **Natures mortes.**
3e Partie. — **Fleurs, Fruits, Légumes et Gibier.**
4e Partie. — **Paysages.**

5e Partie. — **Marines.**
6e Partie. — **Animaux.**
7e Partie — **Figures, Genre, Portraits.**

Chaque partie se vend séparément.

COURS COMPLET DE PEINTURE A L'HUILE
(*L'Art — La Science — Le Métier du Peintre*)

L'OUTILLAGE
ET
LE MATÉRIEL
NÉCESSAIRES
A L'ATELIER OU EN PLEIN AIR

PAR

Ernest HAREUX

Soixante et onze gravures.

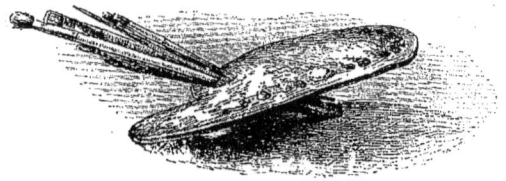

PARIS
LIBRAIRIE RENOUARD — H. LAURENS, ÉDITEUR
6, RUE DE TOURNON, 6

COURS COMPLET

DE PEINTURE A L'HUILE

L'OUTILLAGE ET LE MATÉRIEL

NÉCESSAIRES A L'ATELIER OU EN PLEIN AIR

La palette. — On choisit ordinairement une palette en bois de noyer, parce que ce bois est d'un prix moins élevé, mais on peut se servir d'une palette fabriquée avec d'autres essences de bois, tels que l'acajou, le citronnier, l'érable, etc.

La Palette est vendue vernie aux amateurs avec l'assurance qu'elle n'absorbera pas l'huile des couleurs quand on la *chargera*. (On dit

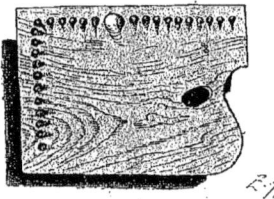
Palette ordinaire.

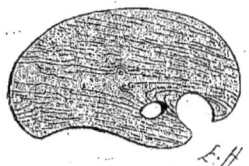
Palette Carolus.

charger sa palette, ou *faire* sa palette, quand on y dépose les couleurs nécessaires pour peindre.)

Le vernis, en réalité d'une utilité relative, ne saurait servir beaucoup, car, les couleurs séchant fort vite, le vernis n'empêche que très peu l'absorption de l'huile qu'elles contiennent.

Les artistes de profession connaissent tous cet inconvénient, et, lorsqu'ils sont obligés d'acheter une palette neuve, ils la choisissent en bois de noyer, non verni, puis ils l'arrosent d'huile de lin pendant plusieurs jours avant de s'en servir, jusqu'à ce que les pores du bois n'en puissent plus absorber. Ainsi préparée la palette devient bonne en très peu de jour.

Une bonne palette, bien en main, légère, grande (ni trop, ni trop peu), gracieuse de coupe est une chose assez difficile à trouver. Chacun a ses manies, ses habitudes, aussi est-ce à grand regret qu'on se décide à acheter une palette neuve, car la palette n'est réellement parfaite qu'après avoir beaucoup servi.

On peut, sans inconvénient choisir une palette de forme ronde ou carrée, voire même les palettes d'une invention toute moderne, connues sous le nom de palettes *Carolus*

La palette Carolus est d'une grandeur peu accessible aux amateurs ; elle mesure en moyenne 5o ou 6o centimètres, d'une extrémité à l'autre. Cette énorme dimension la rend peu pratique à loger, aussi ne sert-elle généralement qu'aux artistes qui peignent de très grandes toiles et aux peintres décorateurs.

Le croquis ci-contre donne exactement la forme de cette palette qui paraît bizarre au premier aspect, à cause de la partie inférieure qui est évasée. Mais, ainsi que l'indique ce croquis, elle n'est en réalité qu'une palette ronde, de grande proportion dans laquelle on a coupé la place nécessaire, pour emboîter le corps de celui qui peint. Cette disposition facilite l'approche des couleurs et allège la palette, qui autrement serait d'un poids impossible à soutenir longtemps.

La palette carrée est celle dont on se sert le plus communément et la proportion généralement adoptée varie de la palette n° *quatre* à la palette n° *huit*, ce qui est le maximum.

Les boîtes qu'on trouve toutes faites chez les marchands de couleurs fines, sont connues sous la désignation suivante :

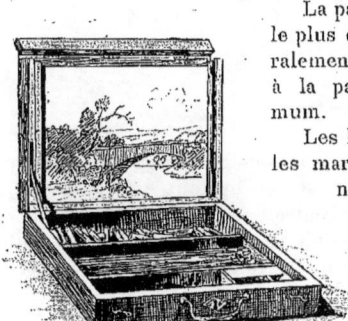

Boîte de campagne.

Boîte à pouce, ou boîte de un, boîte de deux, de trois, de quatre, de cinq, de six et de huit.

Toutes ces boîtes contiennent des palettes carrées proportionnées à leur grandeur, de là, le nom de palette, de *un*, de *deux*, etc.

Les boîtes sont de quatre sortes, connues sous les noms de boîte d'atelier, de campagne ou de paysage, boîte à pouce, et enfin la demi-boîte à palette brisée.

La boîte d'atelier est de forme presque carrée, celle de campagne est rectangulaire.

La boîte de campagne. — Les boîtes de campagne de cinq ou de six sont celles qu'on choisit de préférence quel que soit le genre adopté, car elles peuvent servir à toutes les études.

La boîte à pouce. — La boîte à pouce tire son nom de ce qu'on la tient par le pouce, comme une palette. Elle a été inventée pour

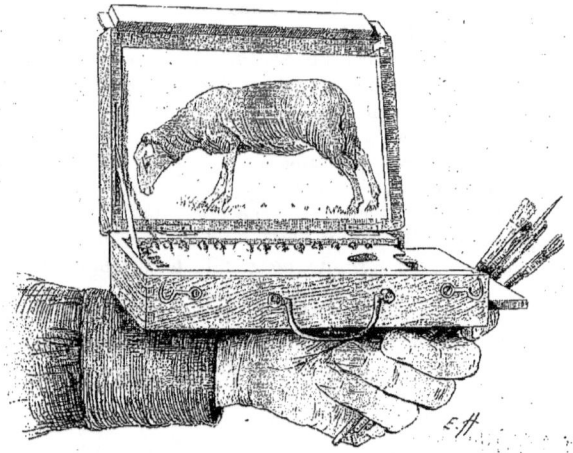

Boîte à pouce.

peindre les animaux, ainsi que nous aurons l'occasion de le dire plus loin. La demi-boîte à palette brisée est surtout employée par les peintres de portraits pour aller peindre en ville.

Avant d'expliquer comment on doit *charger* la palette, nous allons donner le détail complet des outils qu'il est indispensable de se procurer lorsqu'on veut apprendre l'art de peindre.

Les brosses. — La boîte doit contenir environ une douzaine de brosses en soie blanche, de forme plate, variées de la plus petite à la moyenne.

Ces brosses doivent être généralement courtes de soie ; par exception deux ou trois de ces brosses (variées de grosseur) seront longues et peu fournies de soie.

Les brosses plates et courtes de soie ont l'avantage de laisser une *touche* ferme qui aide à dessiner.

On se sert également de brosses extrêmement courtes et plus fourniés quand on veut faire un *frottis* ou un *glacis*, mais il ne faut pas s'en servir pour peindre, car elles laissent une touche lourde, qui donne à la peinture un aspect martelé et une égalité de *facture* qu'il faut éviter.

Les brosses longues servent surtout à peindre les fonds ; elles donnent une touche molle et vague, dont l'inconsistance aide à exprimer

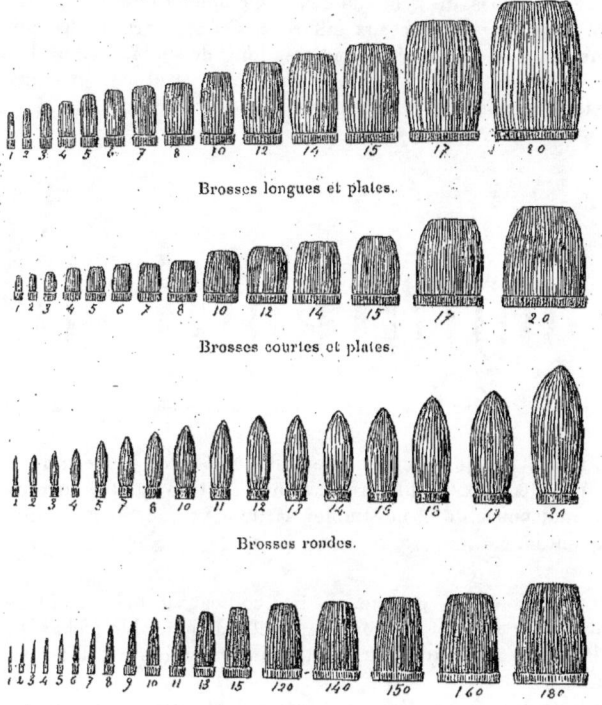

Brosses longues et plates.

Brosses courtes et plates.

Brosses rondes.

Pinceaux en martre plats.

l'air ambiant qui circule entre les objets composant la nature morte et l'espace qui les sépare du fond.

Il y a aussi la brosse en éventail d'une invention récente, mais elle est moins commode pour fondre les touches, que le pinceau de martre dont nous parlerons dans le chapitre suivant. Nous dirons aussi dans la partie qui traitera du paysage, à quoi servent les brosses coupées avec des ciseaux ou un canif et comment on les coupe soi-même.

L'OUTILLAGE ET LE MATÉRIEL   5

Les pinceaux. — Les pinceaux de martre sont indispensables, ils servent pour peindre certaines choses que la brosse ne rend pas aussi bien. La douceur et la finesse du poil des pinceaux rendent mieux dans l'exécution la nature de certains objets : comme le verre, le marbre, les métaux, etc.

On doit donc se munir de quelques pinceaux de martre plats et de différentes grosseurs, connus dans le commerce sous les n°s 1, 2, 3, 4, 5, 6. Cinq ou six pinceaux suffiront. On ajoutera quatre pinceaux de forme ronde et un pinceau rond très long de poils, comme le montre le croquis ci-joint. Il se nomme pinceau à filets et sert principalement à dessiner comme il sera expliqué plus loin.

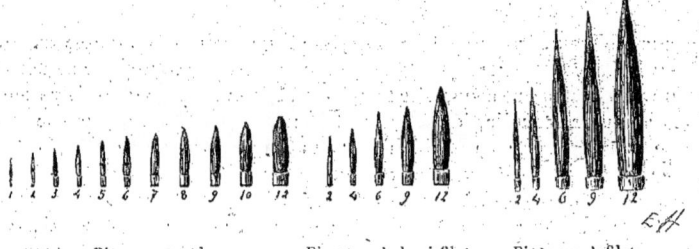

Pinceaux ronds.   Pinceaux à demi-filets.   Pinceaux à filets.

Enfin, il faut joindre au contenu de la boîte un pinceau de martre plat et large de deux centimètres au moins et de quatre au plus. Ce pinceau indispensable a un emploi particulier que nous expliquerons en temps utile.

Les couteaux à palette. — Les couteaux à palette ont des formes variées. Il y a d'abord le couteau droit indispensable à chacun.

Puis il y a le couteau-truelle, dont l'invention est due à Courbet, le peintre célèbre.

Le couteau à palette, droit, sert à préparer les couleurs quand on

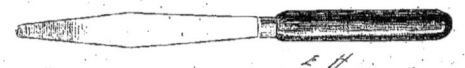

Couteau à palette, droit.

charge la palette; il sert également à enlever les couleurs impures et les tons inutiles quand on a fini de peindre.

Le couteau-truelle sert à peindre certaines parties d'un tableau;

on en use notamment dans les paysages, pour les terrains, les rochers, etc.; il sert aussi à exécuter les ciels, comme il sera dit plus loin.

Ce genre de couteau se fabrique de toutes façons; il y en a de longs, de courts, de larges, d'étroits, de durs, de flexibles. Chacun se sert de celui qui lui plaît le mieux; on peut se servir de tous ces genres de couteaux et faire de très bonnes toiles. Mais on peut aussi ne pas s'en servir pour peindre, n'employer que des brosses et faire également de très

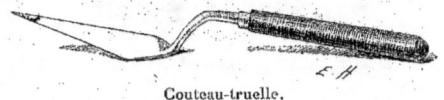

Couteau-truelle.

bons tableaux, le procédé n'étant pour rien dans une peinture qui peut être un chef-d'œuvre, quel que soit le moyen employé pour son exécution. Mais on peut conseiller hardiment à tous les amateurs de se munir d'un couteau-truelle, qui servira toujours de temps à autre, ne fût-ce que pour enlever de la toile certains morceaux qui ne semblent pas réussis et qu'on désire refaire immédiatement.

Dans cet emploi, la truelle est plus commode, elle enlève complètement la peinture fraîche, sans aucun danger pour la toile qu'elle ne coupe jamais, si on procède légèrement en tenant l'outil de façon à ce qu'il forme un angle obtus.

Le grattoir. — Le grattoir est une espèce de couteau à deux tranchants dont la lame est recourbée et très épaisse. Cet outil sert à faire disparaître la peinture, quand elle est sèche, par exemple, pour enlever

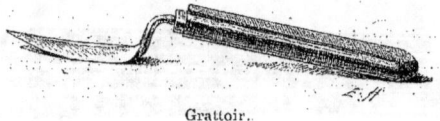

Grattoir.

les épaisseurs de couleur qui forment des saillies inutiles et gênantes quand on veut reprendre un tableau pour le terminer.

On se sert également d'un rasoir pour gratter un tableau ébauché, quand on se dispose à le continuer.

C'est une opération très délicate, et qui demande une certaine pratique. Pour la faire utilement, sans danger pour la toile, il faut que le rasoir fraîchement repassé, soit tenu d'une main ferme et glisse sur la toile en formant un angle droit avec elle.

L'OUTILLAGE ET LE MATÉRIEL

Les godets. — Les godets sont deux petits récipients en fer-blanc, se fermant au moyen de couvercles en cuivre qui se vissent et se dévissent à volonté. Ils sont soudés ensemble et s'accrochent en haut et à droite de la palette.

Le premier doit contenir un liquide composé en égales quantités de :

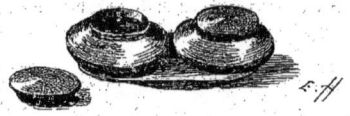

Godets.

1° essence de térébenthine ; 2° huile de lin; 3° siccatif de Harlem ou siccatif de Courtrai (à volonté).

Le second godet doit contenir seulement de l'huile de lin clarifié.

Nous recommandons de mettre très peu de liquide dans ces godets, afin de ne pas être exposé à les renverser en travaillant. Absorbé par l'étude, on oublie qu'on tient des objets fragiles, facilement renversables ; il faut donc une grande précaution au débutant dont les mouvements sont rendus brusques par le manque d'habitude.

L'Appui-main. — L'appui-main est une baguette qui sert à assurer la main du peintre quand il travaille.

On tient cette baguette de la main gauche en même temps que les brosses, les pinceaux et la palette.

L'extrémité de l'appui-main est munie d'une petite boule ; si l'on se sert d'une baguette quelconque, il faudra adapter à l'un des bouts un

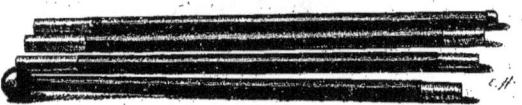

Appui-main.

petit tampon de chiffon, afin de ne pas abîmer la peinture en appuyant sur la toile, ce qui arrive, lorsqu'elle est grande. Pour les commençants, qui travaillent généralement sur des toiles ou panneaux de six et de huit, l'appui-main se pose sur le bord de la toile ou sur le chevalet.

L'appui-main est composé de quatre petites baguettes qui s'adaptent les unes aux autres au moyen de viroles de cuivre, ce qui le rend transportable et facile à loger dans la boîte, après qu'on l'a démonté.

Le Pincelier. — Le pincelier est une petite boîte de fer-blanc contenant de l'essence de térébenthine. Il y a deux sortes de pinceliers : ceux qui se ferment par un couvercle à vis, et dont on se sert pour peindre dehors ; ceux beaucoup plus simples qui se ferment comme une boîte à lait, et qui sont employées à l'atelier.

Le dessous de chaque pincelier est muni d'une plaque de plomb, qui, par sa lourdeur, l'empêche de se renverser, quand on y trempe les brosses.

L'intérieur est garni d'un double fond percé, comme une passoire. Ce double fond est indispensable pour nettoyer les brosses et les pinceaux ; il permet de les frotter sur un fond toujours propre, car la couleur qui se dégage des pinceaux passe dans le double fond et s'y

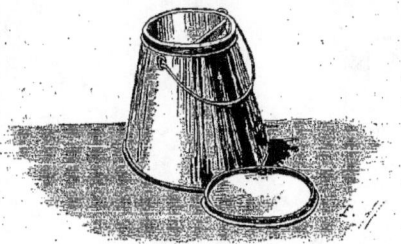

Pincelier.

dépose, laissant propre un assez long temps l'essence contenue dans le pincelier.

Le fond n'étant jamais remué, on peut s'en servir ainsi pendant un mois, en ayant soin de remettre de temps en temps un peu d'essence nouvelle pour remplacer celle qui se sera volatilisée, car le pincelier, pour bien remplir son office, doit toujours être rempli aux deux tiers.

Le pincelier doit se placer par terre et à droite de la personne qui peint ; son emploi est très utile, sinon indispensable ; il faut, en effet, laver la brosse ou le pinceau chaque fois qu'on change de ton, ce qui aide à trouver des tons fins.

La propreté des brosses et des pinceaux est une des premières conditions pour obtenir une grande fraîcheur de coloris.

Beaucoup d'artistes ne se servent pas du pincelier et se contentent de tenir à la main gauche un petit chiffon qui leur permet d'essuyer le pinceau dont ils se servent tout le temps qu'ils travaillent dans la même coloration, sans avoir besoin de changer de brosse ou de pinceau.

Donc, nous le répétons, on peut se passer du pincelier, mais son emploi est préférable ; en outre, il permet de nettoyer définitivement les pinceaux quand, la séance terminée, on veut serrer les outils.

L'OUTILLAGE ET LE MATÉRIEL

Les Chevalets. — Lorsqu'on commence à peindre, comme on ne travaille que sur des toiles de petite dimension, le chevalet ordinaire est suffisant, malgré son extrême mobilité ; mais il a de nombreux inconvénients, entre autres, celui de tenir la toile penchée en arrière,

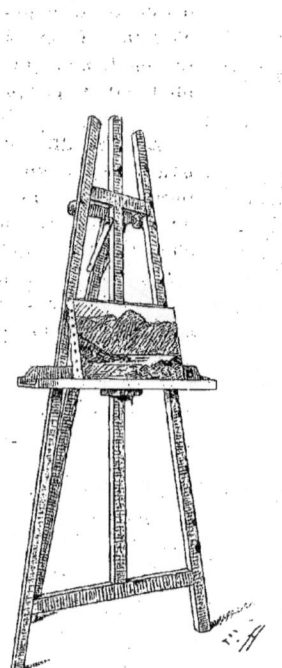
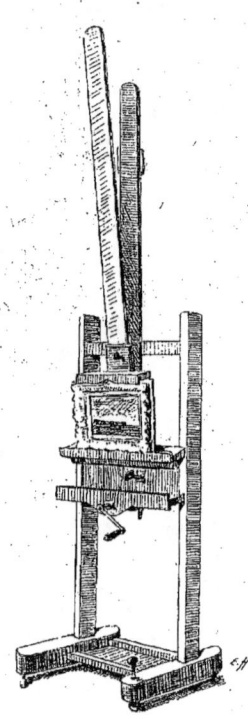

Chevalet ordinaire d'atelier.   Chevalet mécanique.

ce qui est très incommode ; aussi, le délaisse-t-on bien vite pour prendre le chevalet *mécanique*, qui est solide et pratique.

Il peut supporter une grande charge, ce qui permet de travailler aisément à un tableau qu'on veut terminer dans son cadre. Il a de plus l'avantage de permettre de monter, descendre ou incliner la toile à volonté. Tous ces mouvements s'obtiennent d'une seule main, sans fatigue et sans dérangement.

Ce chevalet a encore un autre avantage : il est muni d'une vis placée au pied du côté droit, cette vis est terminée par une sorte de clé qui sert à monter ou à descendre la vis, selon le besoin du moment. Si le parquet de l'atelier n'est pas très uni, le chevalet ne porte que sur trois roulettes et se trouve déséquilibré et boiteux, c'est alors, qu'il faut donner quelques tours à la vis pour le remettre d'aplomb en haussant une roulette, ce qui fait porter également les quatre pieds sur le parquet.

Le chevalet de campagne. — Ce chevalet est indispensable pour peindre dehors. Le meilleur chevalet de campagne est celui, qui, fabriqué en bois de noyer verni ou huilé, se nomme chevalet à crémaillère ; c'est le plus pratique et le seul qui soit à conseiller.

Il y a plusieurs systèmes de boîtes de campagne qui sont confectionnées de façon à former chevalet. Elles sont parfaites pour des panneaux ou des toiles de petite dimension, mais, lorsqu'on emploie une toile de douze ou de quinze, ce qui arrive fréquemment, cette boite-chevalet n'est pas suffisante, il faut alors se servir du chevalet de campagne spécial ; c'est pourquoi, il est utile de s'en procurer

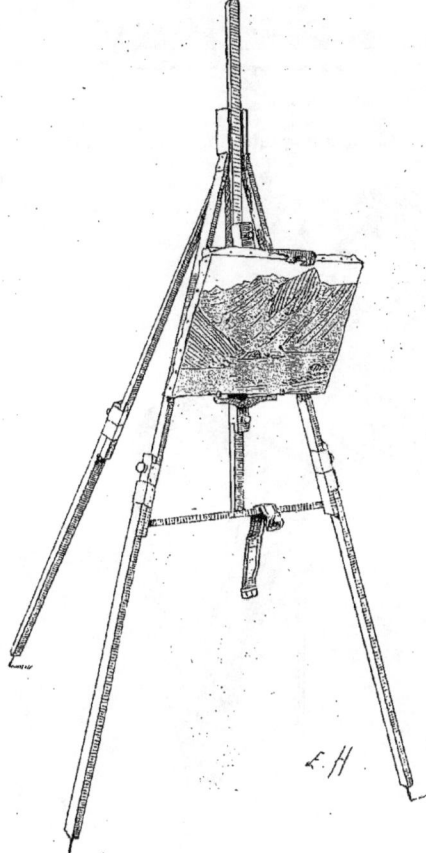

Chevalet de campagne monté et placé.

un, dès le début, puisqu'on sera toujours forcé de s'en munir tôt ou tard.

Il existe beaucoup d'autres chevalets de campagne, ainsi que le montrent les catalogues, mais il n'y a réellement de recommandable que celui qui vient d'être décrit, et cet autre, tout nouvellement perfectionné : *Le chevalet de campagne à tablette tournante et à sabot à inclinaison.*

On remarque que lorsque le chevalet est démonté et fermé, la tablette n'offre plus de prise et ne risque pas de se briser quand on voyage. De

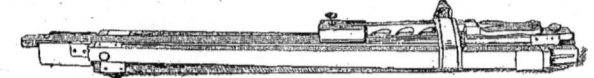

Chevalet démonté et fermé.

plus, ce dernier genre de chevalet a l'avantage de posséder une sorte de

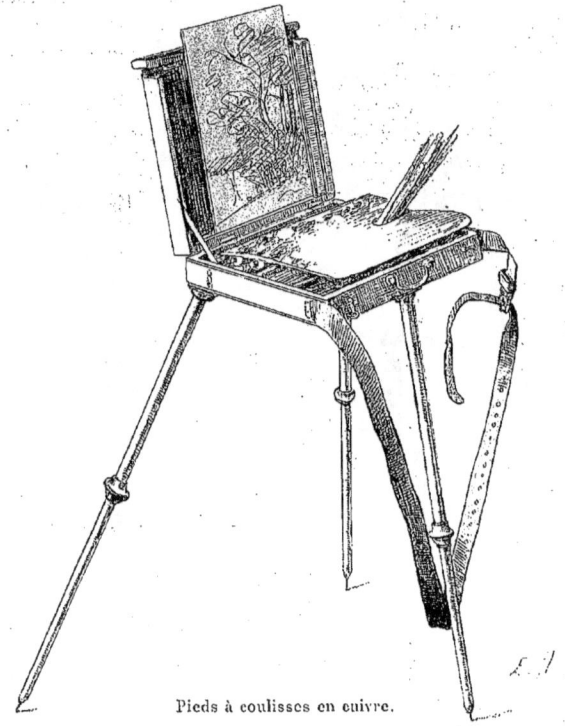

Pieds à coulisses en cuivre.

sabot à crémaillère qui permet d'incliner la toile à volonté ce qui est impossible avec les autres systèmes.

Les pieds à coulisses en cuivre. — Ce genre de pieds à coulisses qui s'adaptent à toutes les boîtes, est aussi très pratique quand on ne peint que des toiles ou panneaux n'excédant pas la toile de six. Ils se montent et se démontent rapidement et leur coulisse permet de les allonger ou de les raccourcir à volonté ; ils ont encore l'avantage d'être portatifs, et de se loger dans la boîte.

Voici encore un système de pieds pour servir de chevalet à toutes les dimensions de toile, même les plus grandes, quand on travaille à un tableau devant la nature. Il peut se fabriquer dans tous les villages ; ce sont des tringles de bois munies d'une pointe en fer que l'on visse en dessous de la toile, aux deux bouts ; on fixe ensuite, au moyen de vis, quatre tringles en bois qui maintiennent la toile pendant le travail ; quand la séance est terminée, on enlève les tringles et on range la toile le long d'un mur.

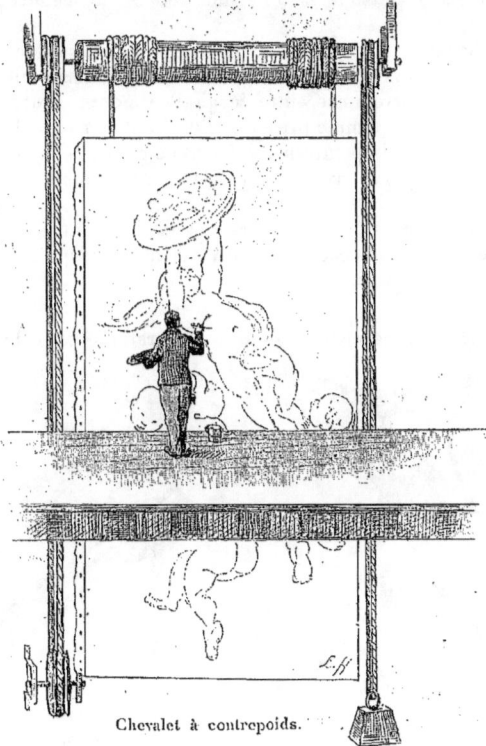

Chevalet à contrepoids.

Les chevalets à contrepoids ou à système hydraulique. — Quand on peint de grandes surfaces, comme il arrive fréquemment aux décorateurs, et aux artistes qui ont à couvrir des panneaux immenses, on peut se servir d'un chevalet très ingénieux, il évite de monter et de descendre à chaque moment quand on travaille dans le haut du panneau et qu'on désire se rendre compte de l'effet de son travail, vu à la distance à laquelle il est destiné. Ce chevalet n'est qu'une sorte de contrepoids qui permet de faire rentrer la toile dans le sous-sol en la descendant au moyen d'une corde sans fin, établie sur un tambour.

Ce système est aussi simple qu'ingénieux, et il a l'avantage de faciliter le maniement de la toile à tel point qu'un enfant pourrait la déplacer aisément. Il va sans dire qu'on ne peut installer ce système qu'au premier étage, puisque la toile doit pouvoir descendre dans le rez-de-chaussée.

Le chevalet hydraulique est fait de la même manière, mais son installation est plus luxueuse. Tout le mécanisme est dissimulé, pour ne laisser voir que deux colonnes entre lesquelles monte et descend la toile qui se déplace par la simple pression d'un bouton semblable aux sonneries électriques. Peu de peintres possèdent ce genre de chevalet et nous n'en connaissons que deux installés dans des hôtels construits spécialement.

Le moyen plus simple des cordes et des contrepoids n'est pas non plus très employé, à cause du local du dessous, qu'il n'est pas toujours facile de se procurer.

Le Siège de campagne. — Le plus pratique est celui que montre le

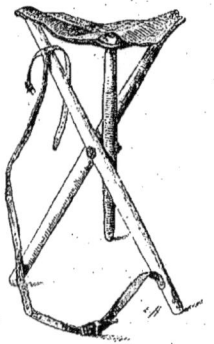
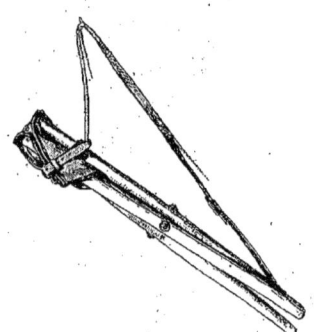

Le siège, ouvert.   Le siège, fermé.

dessin ci-contre. Le dessus est en cuir et il est fixé au moyen de vis, aux trois pieds. Très solide et très portatif, ce siège quand il est fermé, se porte suspendu à l'épaule, si on le désire, car il est muni d'une courroie *ad hoc*.

Les Échelles. — Bien qu'il soit facultatif d'employer tout ce qui peut être utilisé à cet effet, nous avons pensé qu'il pouvait y avoir un intérêt

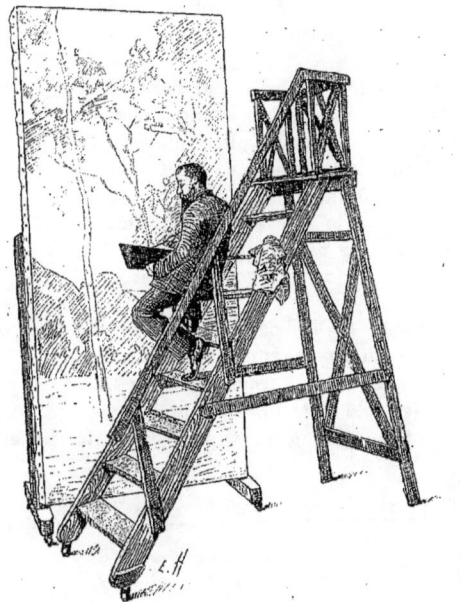

Echelle d'atelier.

pour certains lecteurs, à donner la description d'une échelle avec plateforme, pour peindre de grandes toiles, ou faire des panneaux décoratifs, quand on doit les peindre sur place.

Ainsi que le montre le dessin, l'échelle est une sorte de grand marchepied à roulettes muni d'une rampe, qui permet de monter sans danger à la plate-forme du sommet et d'y travailler sans crainte. Un *taquet* mobile que l'on adapte aux marches, à la place voulue, permet de se délasser en s'asseyant pour travailler. Tout se replie après le travail terminé et tient peu de place dans l'atelier.

Les pieds chevalets pour toiles de grandeur illimitée. — Ce genre de chevalet est très pratique, pour peindre des toiles de six ou huit mètres, et même davantage ; ce sont, comme l'indique le dessin, des sortes de potences renversées, munies d'un tasseau, sur lequel repose la toile. Le montant est percé de trous, au travers desquels passe un *tire-fond*, qui se visse dans le châssis de la toile, aux deux extrémités.

Si la toile est grande, il est facile de visser autant de pieds qu'on le juge nécessaire, puisque le châssis offre plusieurs montants. Des roulettes placées en-dessous permettent de déplacer facilement la toile la plus grande. Ce chevalet a l'avantage de ne pas tenir de place, quand il est démonté, et se transporte très facilement.

Le Parasol. — Le parasol est l'outil indispensable au paysagiste ; sans lui, tout travail serait mauvais ; travailler avec le soleil sur sa toile est un système détestable, autant que dangereux pour la santé. Le soleil empêche qu'on

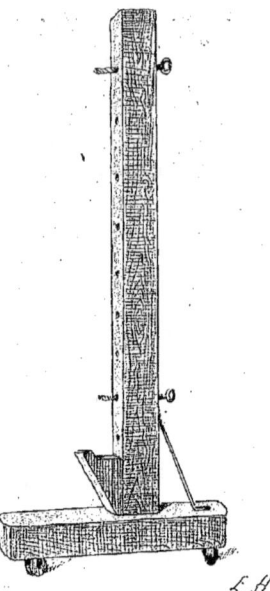

Pied chevalet.

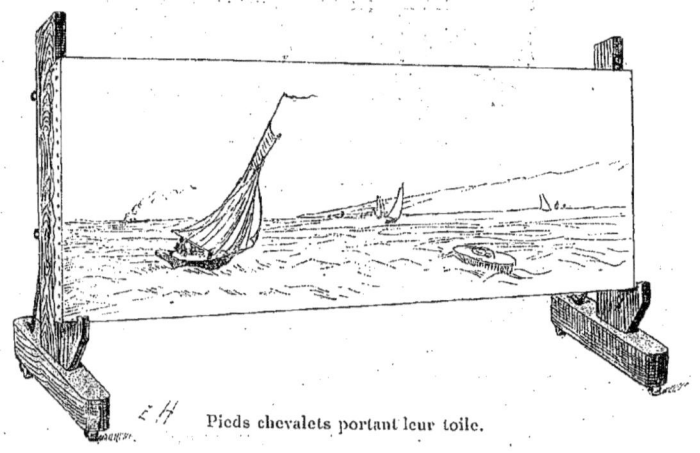

Pieds chevalets portant leur toile.

se rende bien compte du travail et entraîne à forcer les valeurs, au point de faire une étude, qui, contemplée à l'ombre, paraît toute noire.

Il faudra donc se munir d'un parasol solide, bien cousu, et si on veut faire bien les choses, on le prendra doublé. C'est un peu plus lourd à transporter, mais cela évite les reflets sur la peinture fraîche. Ces reflets occasionnés par le soleil qui éclaire encore trop la toile en passant au travers d'une seule étoffe trop mince, gênent le travail, au point de le faire cesser, car on ne voit plus ce qu'on fait. Le parasol doublé est donc indispensable.

Il est préférable de le choisir à inclinaison et en baleine, à l'exclusion des fers creux, dits : baleines en fer ; ces derniers sont très fragiles et cassent fréquemment quand le vent renverse le parasol.

La Pique. — La pique est préférable quand elle est construite en deux parties ; on l'appelle pique brisée. Elle a l'avantage d'être transportable en tenant moins de place qu'une autre d'une seule pièce. La pique et le parasol, ainsi démontables, forment un petit paquetage qui se transporte aisément sur le sac.

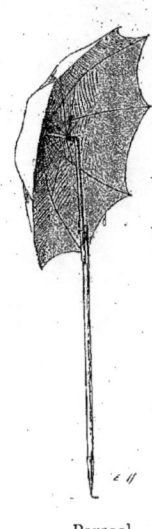

Parasol.

Le Sac. — Le meilleur sac est celui en toile tannée imperméable.

Il doit toujours être choisi à la mesure exacte de la boîte, car un sac plus grand que la boîte est impossible à porter ; le paquetage se fait mal

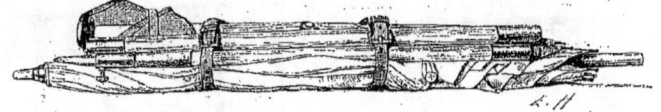

Pique-parasol.

et tout devient si mal aisé à transporter et si lourd en déplaçant la charge, qu'on ne peut pas s'en servir.

Les dessins, que nous donnons ci-contre page 17, donnent l'un l'aspect du sac contenant la boîte qui lui convient, l'autre l'aspect du sac, contenant une boîte trop petite, quand le sac est chargé du pliant, de la pique, du parasol et du chevalet.

Le Porte-Toiles. — Le porte-toiles est un simple châssis vide et en bois blanc, comme le montrent les dessins de la page 17. Il a quelques

L'OUTILLAGE ET LE MATÉRIEL

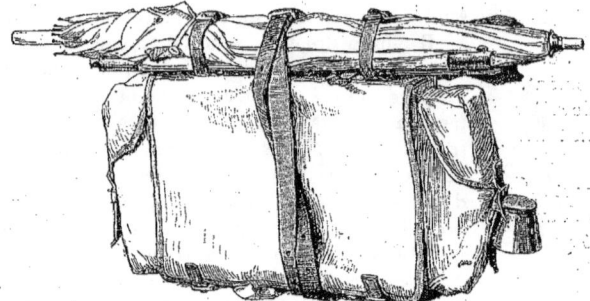

Sac avec une boîte de bonne dimension.

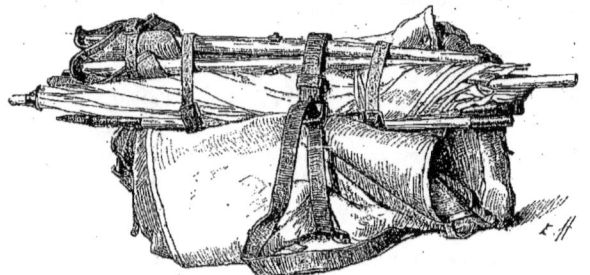

Sac avec une boîte trop petite.

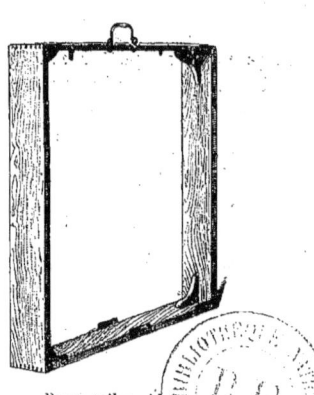
Porte-toiles vide.

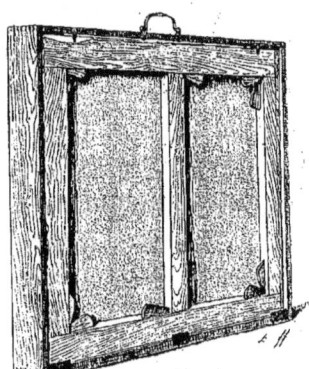
Porte-toiles rempli de châssis.

centimètres de largeur, et est muni de quatre petits taquets ajustés aux angles intérieurs, qui sont destinés à tenir l'écartement entre les deux toiles, en cours d'exécution, de façon à ce qu'elles ne s'altèrent pas par le frottement.

La dernière figure de la page 17 montre l'aspect du châssis, quand les deux toiles y sont contenues.

Le porte-panneaux. — Le porte-panneaux est, lui aussi, un système de cadre dans le genre du précédent, mais diffère en ce sens qu'il n'est pas créé pour aller seulement faire une étude sur nature. Il est, en effet,

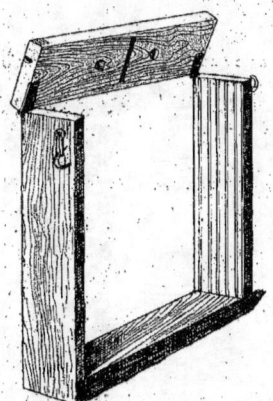

Porte-panneaux.

avant tout, destiné à servir d'emballage pour rapporter six études fraîchement peintes. L'intérieur est muni de rainures qui permettent de glisser six panneaux parfaitement séparés les uns des autres, et que l'on introduit par la planche du dessus, laquelle est munie de charnières à cet effet. Une poignée placée au centre facilite le transport de ce porte-panneaux très pratique.

La boîte d'atelier. — Cette boîte n'est pas aussi indispensable que les articles précédents ; néanmoins elle est très utile, car elle classe les couleurs par genres ce qui permet de les trouver immédiatement.

Le dessus, en se levant, découvre la boîte, il est utile de faire adapter une glace dans le fond du couvercle, cela permet de voir les tableaux dedans sans se déranger.

L'intérieur est divisé en sept compartiments. Le premier, qui est le plus grand, sert à mettre les brosses et les pinceaux. Dans la case du milieu, il y a deux récipients, l'un destiné à mettre les petits accessoires, comme la craie, les punaises, le canif, etc...; l'autre est une sorte de

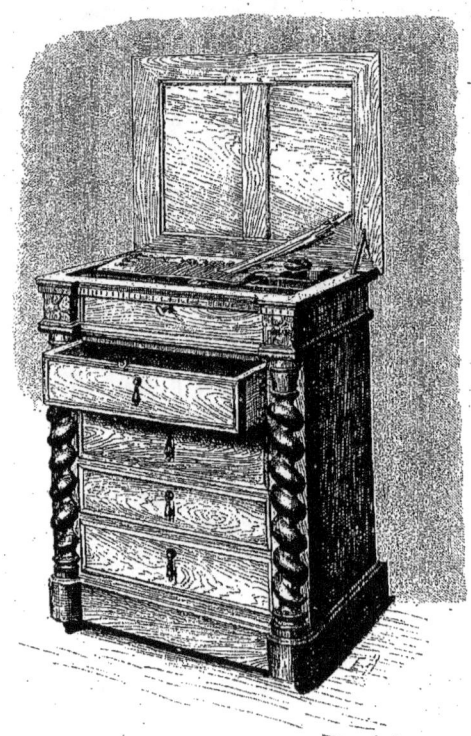

Boîte d'atelier.

pincelier qui sert à laver la brosse et le pinceau pendant le travail. Dans les autres cases, on place les couleurs dans l'ordre suivant :

Case : 1° toutes les couleurs jaunes; jaune indien, l'ocre jaune, la terre de Sienne naturelle, etc., etc... Case : 2° les blancs et les bleus. — Dans le n° 3, tous les rouges; dans le n° 4, tous les verts, et dans le n° 5, on dépose tous les tons composés, dont nous donnerons plus loin la composition.

Le récipient aux liquides. — Ce récipient qui commence seulement à être connu dans le commerce, et qui a peut-être un nom particulier, est un objet si utile à l'atelier, que chaque artiste est toujours obligé d'en improviser un quand il travaille. C'est pour cette raison que nous en conseillons l'acquisition.

C'est une sorte de table dont le dessus, en forme de bassin, contient une cuvette en zinc, qu'on enlève à volonté pour la nettoyer quand les fioles ou le pincelier ont été renversés.

C'est-à-dire que ce récipient sert à placer le pincelier, les bouteilles

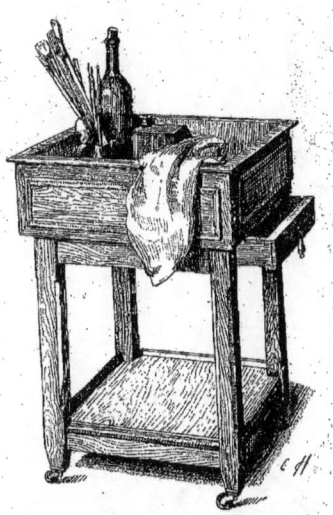 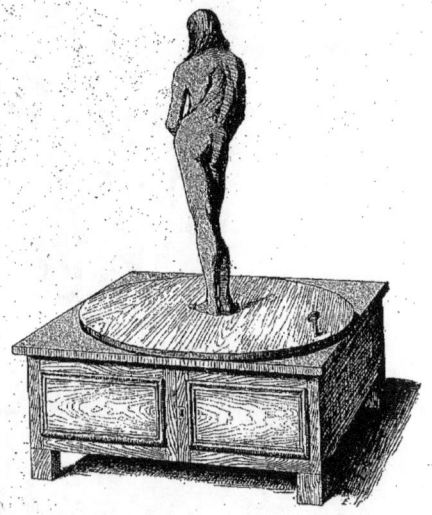

Récipient aux liquides.   Table de pose.

d'huile, d'essence, de vernis, de fixatif, etc., etc. On y dépose également la réserve des brosses et des pinceaux qui se trouvent ainsi toujours à la portée de la main. Cette petite table est munie d'un tiroir très utile pour y placer les compas, et tous les objets indispensables au travail. Dans le bas est placée une tablette, qui, tout en solidifiant les quatre pieds, rend aussi beaucoup de services pour y déposer des objets. Enfin des roulettes fixées aux quatre pieds permettent un transport facile, en déplaçant ce meuble qui doit suivre et accompagner l'artiste à toutes les places de l'atelier où il s'installe pour peindre.

La table de pose ou table à modèle. — La table à modèle est indispensable aux peintres de figures pour faire poser les modèles ; on peut en improviser une soi-même, au moyen d'une caisse renversée, ou mieux encore avec deux tréteaux, *très bas*, sur lesquels on place des

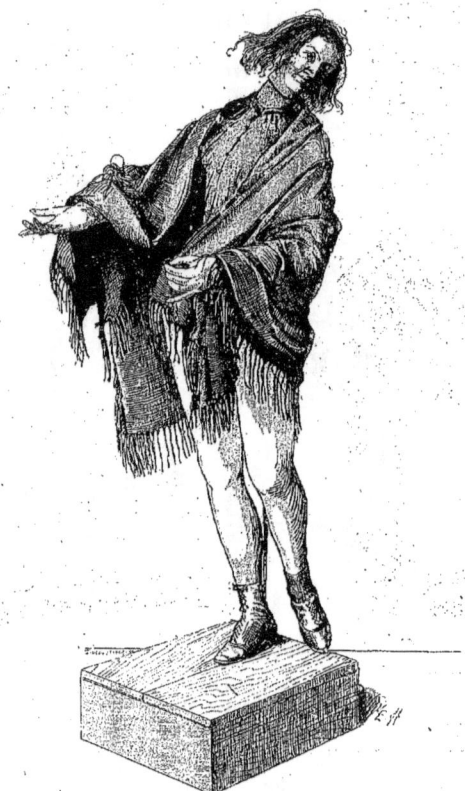

Mannequin articulé.

planches ; mais la véritable et la plus commode est celle qu'on emploie dans les académies. C'est une table très basse qui varie de hauteur entre cinquante-cinq et soixante-dix centimètres. Elle sert aussi d'armoire pour renfermer les costumes quand la séance est terminée. Le dessus de cette table est munie d'une tablette ronde et mobile. C'est une sorte de plateau tournant, comme en sont garnies les selles des sculpteurs. Ce système permet de tourner le modèle à droite ou à gauche, sans l'obliger à descendre et à quitter la pose. Une clef placée sur le plateau permet de le fixer solidement quand la pose est définitivement adoptée.

Les mannequins articulés. — Les mannequins articulés sont souvent très utiles pour peindre ou dessiner des draperies ou des costumes. Quand on fait des portraits, surtout des portraits de femme, l'exécu-

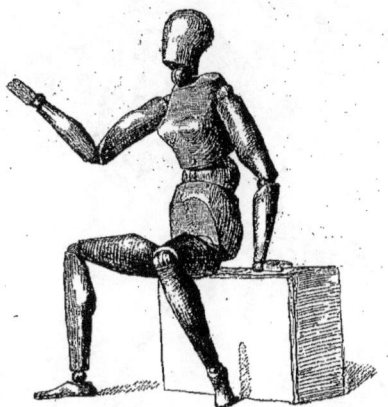

Maquette en bois.

tion des costumes exige toujours beaucoup de temps. Si on ne se servait pas du mannequin, outre, qu'on fatiguerait souvent très inutilement le modèle, on ferait un mauvais travail; chaque fois, en effet, que le modèle aurait besoin de repos, les plis du costume seraient changés en reprenant la pose, et tout serait à recommencer.

Les maquettes en bois. — Les maquettes en bois, sont de petits mannequins articulés, représentant des hommes et des femmes. Il y en a aussi pour les chevaux, et on nous en annonce prochainement qui vont représenter des moutons et des vaches.

Ces dernières maquettes surtout rendront beaucoup de services aux artistes paysagistes, ou animaliers, quand ils cherchent à composer un mouvement en faisant une esquisse. Mais le prix si élevé de la maquette du cheval articulé nous fait craindre que pendant bien longtemps encore, ceux de la vache et du mouton ne soient abordables que pour les artistes favorisés de la fortune.

On devra toujours, pour cet achat, prendre de préférence les maquet-

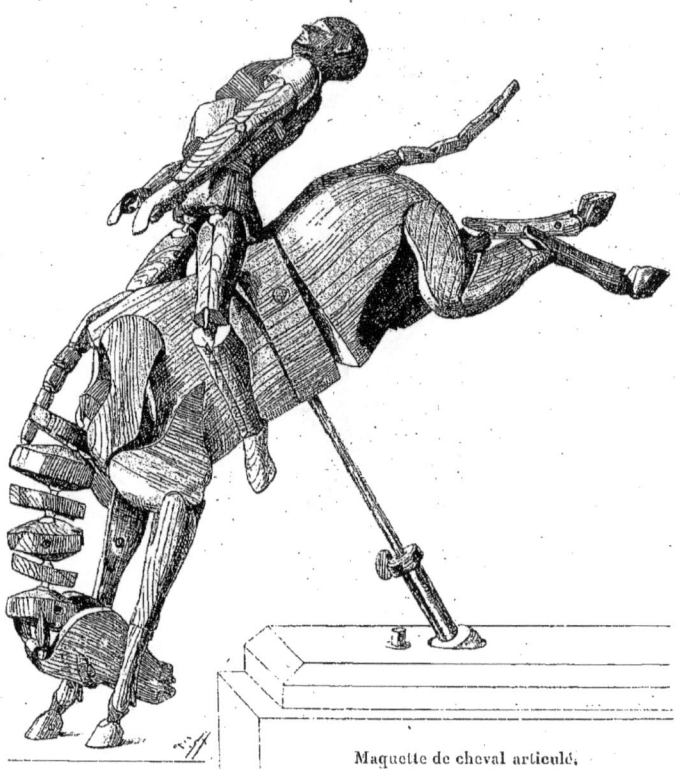

Maquette de cheval articulé.

tes qui sont faites comme l'indique le dessin. Elles ont l'avantage de mieux se plier aux exigences des mouvements recherchés ; les maquettes qui semblent plus finies ont une raideur qui les rend souvent inutilisables.

Les porte-cartons en forme d'X. — Il est aussi très pratique d'employer les porte-cartons à l'atelier, cela facilite les recherches parmi les études démontées de leur châssis ou parmi les dessins et les croquis renfermés dans des cartables.

La chambre claire. — La chambre claire, voilà le grand mot lâché !...

Nous éprouvions, il faut l'avouer, une certaine gêne pour écrire ce chapitre. C'est qu'en effet, il y a là une question bizarre à élucider.

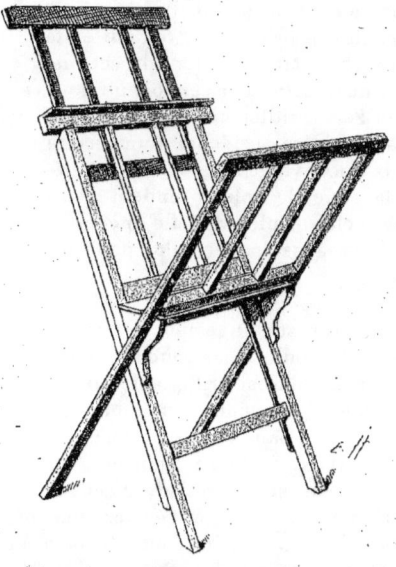

Porte-cartons en X.

C'est un amour-propre mal placé qui empêche d'avouer qu'on s'en sert. Or, il est, dit-on, prouvé que Léonard de Vinci en est l'inventeur ; il y a donc tout lieu de penser qu'il s'en est servi, et le résultat qu'il a obtenu prouve bien que ce moyen ne lui a pas mal réussi.

Puis, il y a plus près de nous, notre grand maître Millet qui, en faisait usage aussi (nous en sommes absolument certain, puisqu'un de ces instruments a été trouvé parmi le matériel qui composait son atelier lors de sa vente). Or, chacun sait que Millet dessinait comme un maître, et que, s'il a daigné se servir de la chambre claire, c'est uniquement par économie de temps.

En ce moment, il y a quatre-vingt-dix peintres sur cent qui se servent de ce moyen mécanique pour faire des croquis et choisir la mise en place d'un tableau ; si les dix autres ne s'en servent pas, c'est qu'ils ignorent l'existence de cet appareil, ou bien, que leur vue est trop faible pour qu'ils la fatiguent en regardant attentivement dans le prisme dont elle est munie.

La chambre claire est un instrument utile à tous ceux qui savent dessiner. Elle leur fait gagner du temps, en ce sens qu'elle donne la mise en place des lignes principales, ce qui évite la peine de les chercher. Mais l'emploi de cet instrument demande une pratique assez longue pour qu'on puisse s'en servir utilement, surtout pour dessiner un paysage où les accidents d'un terrain inégal, joints aux inconvénients des autres éléments, le vent, la pluie, le soleil, rendent l'emploi de la chambre claire, plus difficile encore.

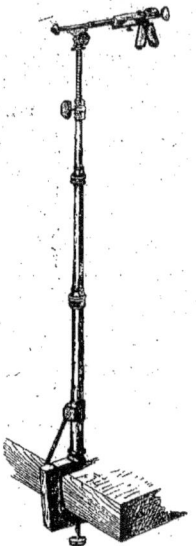

Chambre claire.

Nous conseillons aussi son emploi pour les raisons suivantes :

D'abord comme enseignement c'est le professeur le plus sûr, car son jugement est infaillible ; de plus, si vous voulez vous rendre compte par quel côté votre dessin est critiquable, faites l'expérience suivante : Dessinez un motif de nature morte quelconque, sans vous servir d'autre appareil que de vos yeux, de votre main et d'un crayon. Quand ce dessin sera terminé, placez-le sur la table de la chambre claire, et vérifiez vous-même si les proportions sont justes. Si elles le sont, vous éprouverez une joie entière, qui sera la récompense méritée de votre sincérité; si vous vous êtes trompé, la chambre claire en rectifiant, vous enseignera d'un seul coup, la juste correction à faire, mieux que ne pourrait le faire le meilleur professeur, avec force démonstrations.

La chambre claire est avant tout utile pour gagner du temps.; les amateurs qui ne savent pas dessiner n'en peuvent rien faire, parce que le choix de la place et de la distance est difficile à trouver, et exige des connaissances de dessin et de perspective, pour ne pas prendre les objets de trop près, ce qui déforme les lignes.

De plus, le dessin fait à la chambre claire a encore l'inconvénient de montrer trop de choses, ce qui fait que les élèves ne sachant pas voir les grandes lignes déforment tout par des détails compliqués ou inutiles et mettent beaucoup plus de temps à ébaucher leur étude.

Nous le répétons à dessein ; servez-vous de la chambre claire, comme curiosité d'abord, comme enseignement ensuite.

Cet appareil rend de réels services en voyage surtout lorsqu'on passe dans une ville, ou dans un village, et que le temps manque pour dessiner, laissant le regret de ne pouvoir emporter des documents qui seraient si utiles à l'atelier.

Avec la chambre claire, vous éviterez ce regret, car, en dix minutes, vous pourrez faire un croquis intéressant et juste.

Tous les artistes se servent de la chambre claire, donc ne pas s'en servir, c'est se mettre volontairement vis-à-vis d'eux, en état d'infériorité.

Nous conseillerons encore son emploi pour la raison suivante :

Quand vous aurez beaucoup dessiné avec cet instrument et que vous saurez vous en servir avec adresse, vous ne l'emploierez que très rarement, si vous êtes consciencieux. Il vous arrivera alors en effet, d'éprouver un véritable remords en contemplant votre travail, car plus le dessin sera bien fait, plus vous serez mécontent de vous-même.

Votre conscience criera tellement haut que vous arriverez infailliblement à déchirer ce dessin et à cacher l'instrument pour ne plus vous en servir. L'amateur qui obtient ce résultat, est bien près de devenir un artiste.

Description de l'instrument. — Bien que la plupart de nos lecteurs connaissent cet instrument, nous avons pensé qu'il pourrait être utile

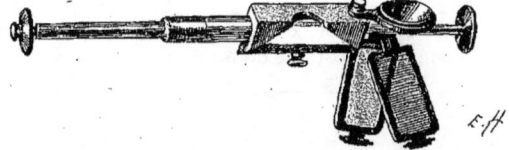

Chambre claire.

d'en donner une description pour les personnes qui n'en auraient jamais vu.

La chambre claire n'est en réalité qu'un prisme en cristal, monté sur une petite pièce mobile, et adaptée à une tige à rallonges, permettant par son développement d'agrandir ou de diminuer la dimension de l'image reflétée sur la table. L'une des faces du prisme regarde la nature, et, en approchant de l'œil, de façon à ce que l'angle du prisme coupe la rétine en deux, on voit, dans un endroit réservé à cet effet, l'image de la nature, qu'une autre face du prisme renvoie sur la table.

On place donc sur la table, le papier, la toile, ou le panneau sur lequel on veut dessiner, et à l'aide d'un crayon, on suit, tous les contours de l'image, comme pour un décalque.

Il est assez difficile au début, de suivre les contours, et de voir en même temps la pointe du crayon, mais avec un peu d'habitude, on s'y accoutume facilement. Pour bien dessiner, et ne pas perdre de vue la pointe du crayon, il suffit de se placer, de façon à ce que l'image ne se

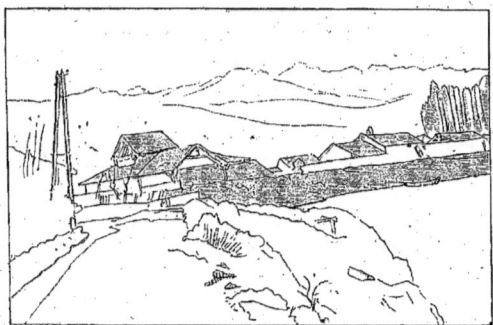

Dessin déformé.

montre pas entièrement dans son ensemble. Il ne faut voir que la partie que l'on dessine immédiatement, et se placer de manière que cette partie semble très grise, que les couleurs en soient très atténuées. Le crayon peut ainsi montrer sa pointe qui apparaît très noire et qu'on suit facilement.

Il faudra aussi s'habituer, dès le début, à ne pas fermer un œil, comme on est généralement tenté de le faire ; si on a la volonté de tenir

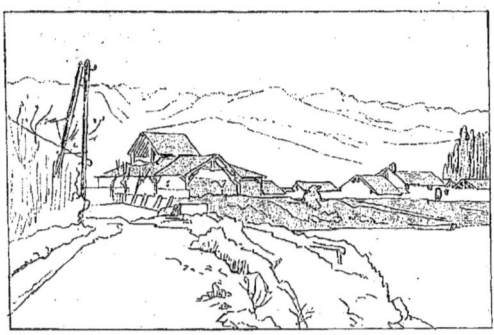

Dessin bien d'aplomb.

les deux yeux ouverts, au bout de quelques minutes on ne pensera plus qu'ils regardent chacun d'une façon différente et le travail pourra durer très longtemps sans fatigue pour la vue.

L'inconvénient à redouter, c'est la déformation ; voilà pourquoi nous recommandons de faire les dessins petits ; de ne pas se tenir trop près des objets à dessiner, et surtout de s'assurer avant de commencer à dessiner : 1° que le prisme forme bien un angle droit avec la tige ; 2° qu'il est bien parallèle avec le bord du papier, ou de la toile sur laquelle on s'apprête à dessiner. Si on n'observe pas ces règles, on n'obtient qu'un dessin déformé sur les côtés et une mise en place dans la toile, hors d'aplomb.

Si on désire faire un grand dessin, il n'y a pas d'autre moyen, pour éviter les déformations que celui-ci : Faire un dessin de la grandeur d'une toile de six, ou de huit au plus ; c'est-à-dire 41 sur 27 centimètres, grandeur de la toile de six paysage, ou 46 sur 32 centimètres, toile de huit paysage. Ce n'est que, lorsqu'on aura acquis une grande expérience qu'on pourra tenter de faire des dessins plus grands. Mais dans ce cas, les déformations étant inévitables, et les corrections à faire, devenant très nombreuses, il sera utile de prendre beaucoup de précautions, car il deviendrait aussi long de corriger que de dessiner à l'œil nu.

Le moyen le plus pratique et le plus recommandable, de l'avis de tous ceux qui se servent de la chambre claire, c'est de faire un dessin petit et de le transporter, au moyen des carreaux, pour le grandir autant de fois qu'on le désire. Ce moyen qui sera décrit plus loin, est préférable à tous les autres, même à celui de la projection employé pour les panoramas et les grandes toiles décoratives.

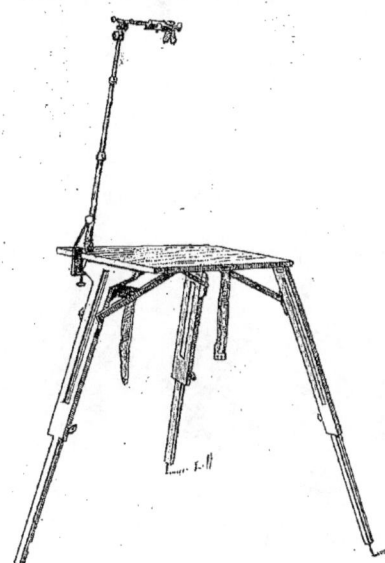

Table sur pieds à coulisses portant la chambre claire.

La table sur pieds à coulisses. — La table spécialement construite pour la chambre claire est préférable à toute autre installation par sa rigidité et les nombreux services qu'elle rend. En plaçant dessus la boîte à couleurs elle sert même de chevalet pour peindre après avoir dessiné. Elle peut aussi devenir tablette inclinée ou table à dessin.

Quel que soit le service demandé à la chambre claire et à la tablette *ad hoc*, il est indispensable lorsque l'appareil est monté et prêt à fonctionner, de s'assurer que toutes les vis du prisme, de la tige, de l'étau qui fixe la chambre claire au plateau de la table et des quatre pieds de la table surtout, sont bien serrées. Faute de cette

Table sur pieds à coulisses portant la boîte.

Table sur pieds à coulisses faisant table à dessin.

précaution on peut s'exposer à perdre par un accident tout un long travail presque terminé.

L'hémérographe. — L'hémérographe du commandant H. Blain est une nouvelle chambre claire perfectionnée, qui offre l'avantage au dessinateur d'agrandir le format de ses dessins sans déformations.

Description de l'hémérographe. — Cet instrument se compose principalement de deux miroirs spéciaux d'une planimétrie parfaite disposés avec précision dans une monture en cuivre (voir

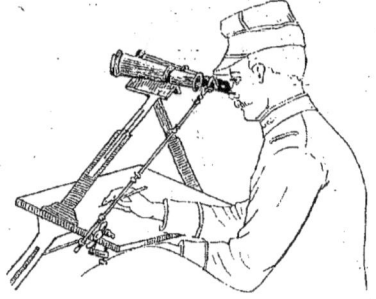

Hémérographe.

le dessin). Le miroir argenté est percé à son centre d'un petit œilleton qui tient lieu de viseur, lorsqu'on se sert de l'appareil placé horizontalement ; il porte à sa partie supérieur un autre viseur destiné à être employé dans le sens vertical. Le miroir, métallisé à sa surface supérieure, possède une transparence calculée qui permet de voir le crayon et l'objet toujours très distinctement; il a, en même temps, l'avantage de proportionner la lumière du papier et celle de l'image qui se projette à la surface.

L'hémérographe n'est pas plus commode que la chambre claire, et il faut même un certain temps avant de trouver le moyen de faire fonctionner cet appareil. On peut passer plusieurs heures avant de deviner le secret de la mise en marche, aussi est-il indispensable de se faire donner une leçon par le marchand, quand on fait cette acquisition.

Nous n'aurions pas parlé de cet instrument s'il n'avait un avantage marqué sur le prisme de la chambre claire. Cet avantage réside en ce qu'on peut adapter à l'hémérographe une jumelle, ce qui permet de dessiner des détails placés très loin et de les obtenir beaucoup plus grands que nos yeux ne peuvent les distinguer. Cela est donc utile en certains cas lorsqu'on ne comprend pas la forme d'une silhouette placée trop loin de la vue.

Le compas de réduction. — Le compas de réduction est un auxiliaire fort utile pour aider le dessinateur qui grandit un dessin. Ce compas pour être bon doit posséder une crémaillère à l'aide de laquelle on règle la proportion de l'agrandissement. Veut-on grandir une fois, une

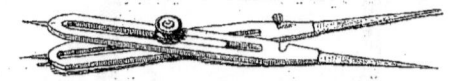

Compas de réduction.

fois et demie, deux fois, etc..., on place la petite plaque divisée à cet effet sur le chiffre qui indique le nombre de fois qu'on désire grandir et on serre la vis écrou. Pour se servir du compas, on n'a qu'à prendre une mesure avec le côté des petites pointes, et en le retournant, la proportion exacte de l'agrandissement est donnée par l'ouverture des grandes branches du compas.

Les miroirs. — « Les miroirs petits et grands sont très utiles à l'atelier ils rendent des services si fréquents à l'artiste qui les consulte, qu'on peut affirmer qu'ils sont indispensables.

« Le miroir, en reproduisant l'image en sens inverse, montre en les accentuant, tous les défauts de la construction du dessin.

« C'est ce sens inverse qui fait découvrir, ou plutôt sentir à l'artiste des rapports nouveaux au sujet desquels il prend des résolutions très importantes; s'il s'agit d'une attitude représentée, le peintre qui la voit pour la première fois exposée en sens inverse, est frappé d'une foule de rapports et de résultats nouveaux pour lui, et à travers lesquels, il reconnaît soit des fautes d'optique et de perspective, soit des fautes de construction, de vérité, de vraisemblance, soit des fautes de disposition et de ligne relativement à la beauté. Le remède qu'il apporte par des corrections est presque toujours heureux, car il est dans le cas d'une personne qui jouirait d'une vue de plus, d'un sentiment de plus que les autres hommes. Cependant ce serait mal user de cette ressource que de la prodiguer et de

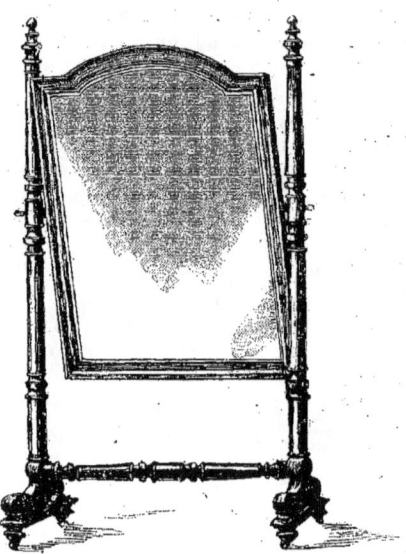

Miroir.

ne pas la ménager comme on ménage les bons conseils qu'on réclame, de loin en loin, d'un ami éclairé.

« Certaines précautions optiques doivent être prises quand on use du miroir, il peut, selon sa position à l'œil et par rapport à l'objet, offrir des apparences trompeuses, et déformer l'aspect ainsi produit. Quant aux altérations des couleurs aperçues dans le miroir on comprend aisément qu'il faut s'en méfier ; mais quant au clair-obscur, on peut consulter avec assez de confiance le miroir.

« Un peintre doit avoir dans son atelier un ou deux miroirs roulants, à pied et à bascule, ce meuble est pour le peintre, je le répète, comme pour bien du monde, un ami précieux qu'il est nécessaire d'interroger et dont les réponses sont toujours à respecter.

« Il est très utile aussi de consulter, mais avec la précaution que suggère le savoir, le miroir convexe, le miroir noir ou plat; celui-ci facilite la perception des rapports de tons, et aide à comparer facilement la nature ou l'objet à l'image qu'en a faite la peinture. Enfin les fautes de clair-obscur sont plus sensibles lorsqu'elles sont présentées dans un miroir noir qui, en détruisant ce que la nature a quelquefois d'éblouissant, permet mieux d'apprécier la valeur respective des tons. Mais il faut y faire bien attention, l'influence du ton noir du miroir peut décomposer certains rapports ; et ce n'est qu'avec beaucoup de perspicacité qu'il faut considérer et juger cet aspect artificiel de l'objet.

« Paillot de Montabert. »

Le miroir noir. — Les miroirs et la glace noire ont de tout temps été recommandés et Paillot de Montabert, comme on a pu le voir dans

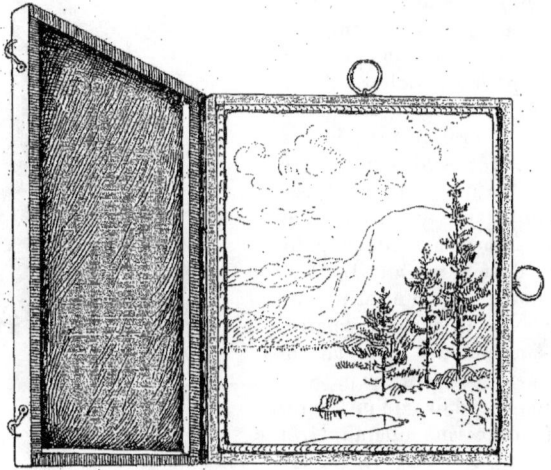

Miroir noir.

les lignes précédentes, en préconise l'emploi pour les artistes à l'atelier. Nous ajouterons que c'est surtout pour le paysage qu'il est indispensable, dans l'étude des ciels principalement et en général pour regarder, comparer les valeurs dans les lumières éclatantes (comme les nuages quand ils sont très lumineux), ou même quand on veut peindre le soleil dans la toile, comme cela arrive fréquemment pour les effets de soleil couchant.

Voici la description d'une glace noire, telle qu'on la trouve dans le commerce, et faite spécialement pour les paysagistes.

Elle est convexe, très épaisse et noircie en dessous; elle est contenue et fixée à demeure dans un écrin muni d'anneaux qui servent à l'accrocher dans les deux sens, de la hauteur et de la largeur. Ces anneaux sont très pratiques pour le cas où on voudrait dessiner en regardant dans cette glace pour y copier la nature qui, s'y trouvant réduite, est plus facile à comprendre et à reproduire. Elle rend des services pour faire un croquis rapide, mais nous déconseillons vivement de peindre en regardant dans cette glace, car, en atténuant tous les tons, elle entraîne à produire une peinture noire et sans air.

La chambre noire ou chambre obscure. — La chambre noire est un objet si encombrant, que les peintres ne peuvent songer à l'utiliser. C'est une curiosité qui peut être amusante dans une propriété, dans un jardin, ou sur une terrasse quand il n'y a presque rien à faire pour l'installer. Il est certain que c'est une récréation pour les amateurs et les enfants qui ne savent pas dessiner, car l'image de la nature vient se reproduire sur une table disposée à cet effet, et on n'a qu'à calquer pour obtenir un dessin parfait. Le travail est moins difficile et moins fatigant qu'avec la chambre claire, on peut même peindre à l'aquarelle sans dessiner, paraît-il, mais cela ne doit jamais produire qu'une enluminure enfantine sans aucun intérêt artistique.

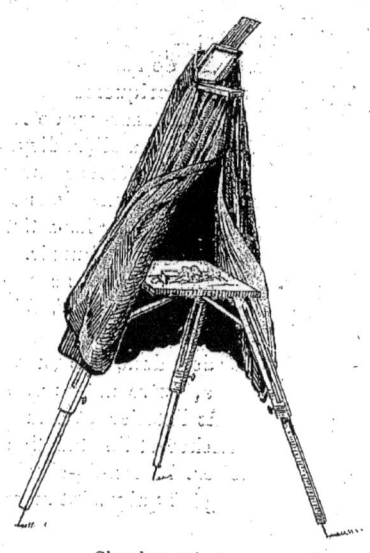

Chambre noire.

La chambre noire dont voici la description est une sorte de tente en toile, indispensable pour obtenir l'obscurité nécessaire à la reproduction visible de l'image ; le dessin ci-contre aidera à s'en faire une idée.

L'extrémité supérieure de cette tente porte un grand objectif surmonté d'un miroir qu'on incline à volonté et par le moyen duquel les objets du dehors viennent se peindre sur la table placée à l'intérieur de la tente, sans perdre, ni leurs couleurs, ni leurs mouvements.

Paillot de Montabert prétend que pour le peintre de portraits, il y a de précieux enseignements à tirer de *la chambre noire* et qu'elle est utile à consulter. Pour nous, cet appareil n'est qu'un objet curieux, il est vrai, mais surtout encombrant et coûteux ; les plus légères chambres noires en effet ne pèsent pas moins de 4 à 5 kilogrammes et la dimension de leur paquetage les rend presque impossible à porter pour une personne seule. Quant à son prix qui varie entre 100 à 150 francs, il n'est pas à la portée de beaucoup de jeunes artistes.

De l'atelier du peintre. — Le choix d'un local et la situation du châssis qui l'éclaire a une importance considérable, on peut travailler partout et s'accommoder d'un endroit quelconque, lorsqu'on ne peint que des études pour apprendre et que le choix du sujet ou de l'éclairage est indifférent. Il n'en est pas de même pour un artiste qui, ayant appris son art dans les ateliers des professeurs, se trouve en possession d'un savoir qui lui permet de s'essayer à faire une œuvre d'art en peignant un tableau (nous dirons autre part quelle est la différence entre un tableau et une étude).

La question de l'atelier est donc très importante. Il est difficile de se prononcer catégoriquement sur la question de l'orientation du châssis ; il y a pour cela beaucoup de raisons. Si l'artiste qui a l'intention de se faire construire un atelier, dispose d'une fortune suffisante pour choisir un terrain et y faire élever une construction spécialement destinée à cet usage, une foule de questions se trouveront élucidées. Mais il n'en est pas toujours ainsi pour les artistes et nous allons donner les conseils que notre expérience peut fournir. Supposons donc que l'artiste heureux dont nous venons de nous occuper, fasse construire un atelier. La première des conditions sera de faire bâtir un sous-sol très clair et d'y élever dessus l'atelier.

L'atelier doit donc être au rez-de-chaussée, pour plus de commodité. Le sous-sol a, entre autres avantages, celui d'empêcher l'humidité de pénétrer dans l'atelier et celui de permettre le placement des trappes dans le plancher et l'installation d'un chevalet à contrepoids pour les grandes toiles. Le rez-de-chaussée facilite aussi l'accès de l'atelier aux personnes âgées qui y sont amenées pour faire peindre leur portrait ; il permet l'entrée des grandes bordures qui n'ont plus besoin d'être démontées en quatre parties comme l'exigent les ateliers situés aux étages supérieurs et il offre encore l'avantage de pouvoir faire entrer des animaux, tels que chevaux, pour les portraits équestres, vaches, moutons, chèvres, etc..., pour les peintres animaliers.

L'atelier ne sera jamais trop grand ! L'architecte a donc toute latitude et il le construira suivant les ressources dont il dispose. Il est très important de faire édifier, à côté de l'atelier, une sorte de serre, ou atelier entièrement vitré. Ce local servira à peindre des figures pour les tableaux de plein air, il est indispensable à cet effet, en raison des reflets que prennent les ombres en plein air. Dans un atelier ordinaire, le jour unique donne des ombres uniformes monochromes et souvent dures.

Si une pièce, servant d'antichambre est indispensable pour précéder l'atelier, un salon d'exposition est aussi fort pratique ; l'artiste a besoin de solitude et de recueillement, et ne doit pas être en butte à des critiques ou même à des observations, quelque justes qu'elles puissent être, pendant le cours de l'exécution de son œuvre. Le moindre avis, la plus légère allusion peuvent le troubler et modifier sa conception ; un avis peut servir quelquefois, mais il est toujours préjudiciable à l'originalité de l'œuvre quand il est donné trop tôt.

Le salon de réception attenant à l'atelier est donc aussi nécessaire que l'atelier lui-même puisqu'il permet de ne montrer que ce qu'on désire faire voir et quand on le juge opportun.

Si la construction est élevée sur un terrain qui le permet, c'est-à-dire s'il n'y a pas d'inconvénients de voisinage, il sera nécessaire de ménager de grandes baies vitrées aux quatre points cardinaux. Toutes ces prises de lumière seront soigneusement closes de volets à compartiments et s'ouvrant isolément, pour ne donner que la quantité de lumière désirée par l'artiste. L'aération en sera bien combinée ainsi que le chauffage. Comme accès, il est indispensable de ménager, en plus des issues ordinaires, une très grande porte d'entrée s'ouvrant aussi de plain-pied avec l'extérieur. En un mot l'artiste doit pouvoir faire entrer une charrette ou une batterie d'artillerie dans l'atelier, s'il le désire ; voilà l'atelier idéal.

L'atelier pratique du plus grand nombre est certainement beaucoup moins confortable ; mais, malgré cela, il peut être très agréable et aussi infiniment commode pour les exigences ordinaires.

Voici les conditions importantes et indispensables à son installation :

L'atelier ordinaire indispensable. — La dimension d'un atelier ordinaire doit être, au minimum, de six mètres de largeur et de huit mètres de profondeur. La hauteur ne devra pas mesurer moins de quatre mètres cinquante.

Le châssis, placé au nord et dans le sens de la largeur, mesurera quatre mètres de largeur sur deux mètres cinquante de hauteur. Un rideau de percaline verte et bien doublée, glissant facilement sur une tringle, permettra de modifier la lumière et de n'en prendre que ce que l'on désire. Le jour pris au nord est celui qui est adopté généralement, à cause de sa fixité, mais il a l'inconvénient de donner une lumière froide qui rend l'atelier triste et empêche l'artiste de faire *coloré*. Si le jour est en plein nord, les murs de l'atelier devront être peints d'un ton *chaud*, comme il sera démontré plus loin.

Le jour pris un peu au midi est plus *chaud*, plus coloré et, malgré l'inconvénient du soleil en été, il est très agréable.

Le jour, pris au plafond de l'atelier, est indispensable en certains cas; il sera donc nécessaire d'en installer un quand les exigences de la construction ne s'y opposeront pas. Il n'est pas absolument nécessaire que ce châssis soit très grand, mais s'il peut avoir trois mètres sur deux, cela ne sera pas de trop. Un système de trappes à coulisses sera établi pour ouvrir et fermer le jour du plafond à volonté au moyen de cordes comme celles dont on se sert pour les rideaux de tenture.

L'expérience nous a démontré que ces sortes de trappes, glissant dans les rainures de bois, avaient souvent l'inconvénient de mal fonctionner. La raison en vient de ce que le bois est sujet à des retraits qui dérangent l'ajustage au point de laisser sortir le panneau de la trappe dans laquelle il fonctionne et on court le risque de voir un jour s'échapper tout à fait cette trappe, qui, en tombant, peut causer des dégâts irrémédiables. La meilleure trappe se construit en fer; ce sont deux bandes de fer, sur lesquelles glisse le panneau de la trappe, construit avec un châssis de fer et des feuilles de tôle ou de zinc. Le glissement, pour être parfait, doit être à *chemin de fer*, c'est-à-dire à roulement de galets. Construite dans ces conditions, le bon fonctionnement de cette trappe est assuré. On peut aussi se contenter de simples rideaux aux lieu et place de la trappe, mais ils ont l'inconvénient de laisser passer le jour tout autour, quelques précautions que l'on prenne, et la buée occasionnée par la chaleur du poêle, en hiver, aura vite détérioré les rideaux qui fonctionneront mal.

Peinture des murs de l'atelier. — Les ateliers éclairés au nord devront être peints d'un ton clair et chaud composé de noir, de brun-rouge et de blanc; ces peintures se font généralement à la colle en raison du bon marché de ce travail et aussi à cause du ton mat très agréable qu'il donne. On peut aussi les peindre tout autrement, si on veut, et même coller du papier de tenture, d'un ton uni; mais ce dernier moyen a l'inconvénient de laisser la trace de tous les objets qui ont été accrochés pendant quelque temps au mur; voici pourquoi : la couleur du papier s'efface à la lumière, sauf aux endroits cachés par les tableaux, ou tout autre objet accroché. Il en résulte que l'aspect de l'atelier devient horrible quand on déplace quelque chose.

Des différentes manières d'éclairer le modèle. — Les ateliers ordinaires peuvent se prêter facilement à toutes les combinaisons d'éclairage, sauf celui du plein air (il sera dit pourquoi quand nous expliquerons la manière de peindre le plein air).

Si on désire une lumière violente et des ombres vigoureuses, comme celles qu'affectionnait Ribera, le peintre espagnol, ou son grand émule Ribot, le peintre français notre contemporain, voici une manière de s'installer pour l'obtenir :

L'atelier sera tenu dans une obscurité absolue, ne laissant qu'une ouverture nécessaire au passage et à l'ajustage d'un conduit en bois, léger, fait de quatre planches comme les gros tuyaux d'orgues ; ce con-

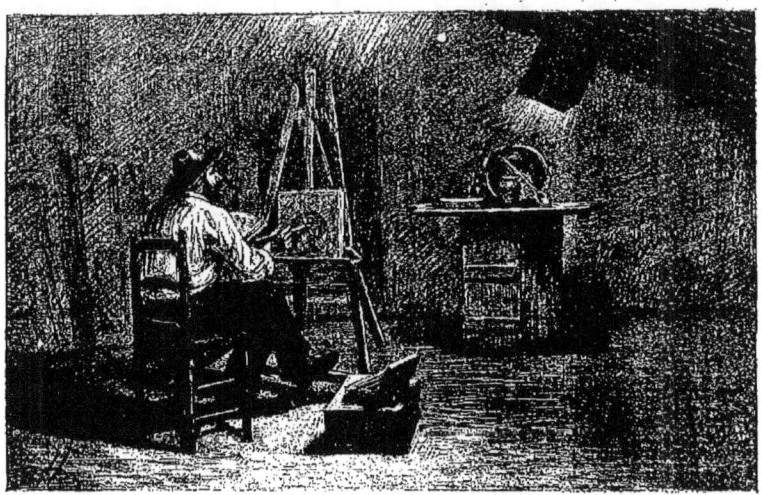

Installation pour éclairer le modèle d'une façon spéciale.

duit canalisera la lumière, s'il est permis de s'exprimer ainsi, et n'éclairera que l'objet qu'on veut voir en lumière, laissant tout le reste de l'atelier dans une obscurité profonde.

Un second conduit, tout semblable au précédent, donnera la clarté suffisante pour travailler, sans causer des reflets dans les ombres des objets qui posent.

Les greniers. — Les galetas. — Les mansardes, avec leurs châssis à tabatière peuvent suppléer à ce genre d'éclairage si la pièce est suffisamment vaste, et si elle possède deux châssis, l'un pour éclairer le modèle, l'autre pour donner un jour suffisant à la personne qui travaille. Mais généralement ces pièces situées dans le haut des maisons de rapport, sont très petites ou très basses de plafond, et on ne peut y peindre que des natures mortes ou des portraits assis.

Les pièces communiquant dans l'atelier ont une grande utilité et sont indispensables lorsqu'on veut peindre des effets de nuit ou de lumière artificielle, ou bien encore des scènes de genre ou des personnages éclairés par une lampe. Elles permettent, tout en faisant poser les modèles sous l'éclairage désiré, de rester soi-même dans l'atelier et de travailler avec le jour ordinaire de cette pièce.

Pour en finir avec ces descriptions, nous terminerons en recommandant encore de donner le plus d'espace possible à la pièce adoptée pour servir d'atelier, car on est presque toujours obligé d'être placé trop près du modèle pour bien le juger dans son ensemble et c'est un inconvénient qu'il faut avoir soin d'éviter. En se plaçant trop près, on aperçoit tant de détails qu'on a peine à saisir la forme générale, ce qui empêche de bien proportionner le dessin et d'apprécier justement les valeurs. Nous reviendrons longuement sur ce sujet dans les chapitres qui traiteront de l'exécution.

Toutes les pièces d'un appartement peuvent servir d'atelier à la condition qu'elles soient très légèrement orientées au midi, ou en plein nord, ce qui, malgré quelques inconvénients, est encore l'orientation la plus généralement adoptée. Il est bien entendu que la pièce destinée à l'atelier ne sera éclairée que par un jour unique, les autres baies, s'il y a plusieurs fenêtres, seront rigoureusement condamnées par des volets opaques.

Poêle.

Le poêle. — Le choix d'un poêle ne doit pas être livré au hasard, car il a une très grande importance dans l'atelier, surtout si on veut faire poser un modèle nu. Il faut prendre un système à combustion lente, de façon que l'artiste n'ait pas le souci de son entretien avec la crainte de le laisser éteindre. Il faut aussi que la chaleur de l'atelier se maintienne également pour que le modèle ne prenne pas froid et aussi pour qu'il n'ait pas trop chaud. La trop grande chaleur fait rougir les chairs et le changement de coloration gênerait beaucoup le peintre.

Les tables. — Plusieurs tables sont utiles dans l'atelier ; des sièges

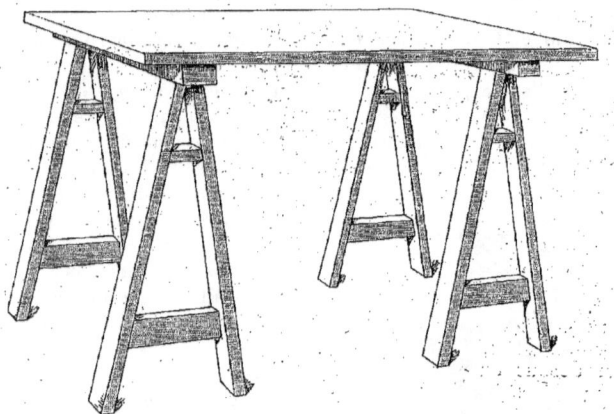

Table posée sur tréteaux.

de toutes formes sont indispensables pour les modèles qui posent et pour le peintre qui travaille.

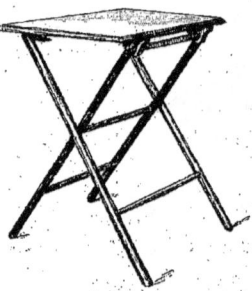

Table pliante.

Les sièges. — Les sièges de travail ont besoin de varier de hauteur quand on ne possède pas un chevalet à contrepoids et qu'on peint un grand tableau.

Le tabouret très haut est aussi indispensable que le petit banc. La chaise est pratique.

Les caisses de tous genres ont leur utilité. On s'en sert pour

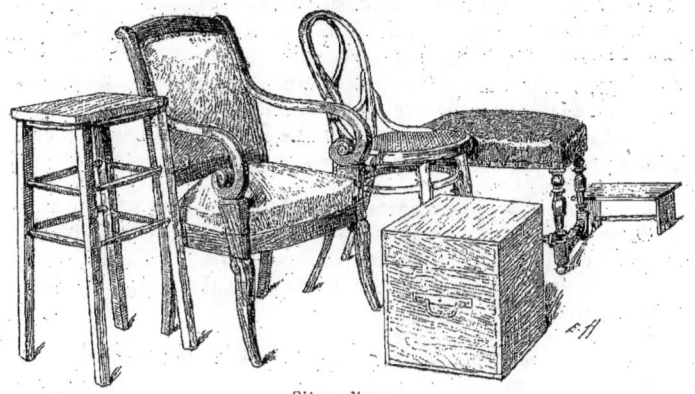

Sièges divers.

monter dessus en y ajoutant des sièges afin de peindre plus haut.

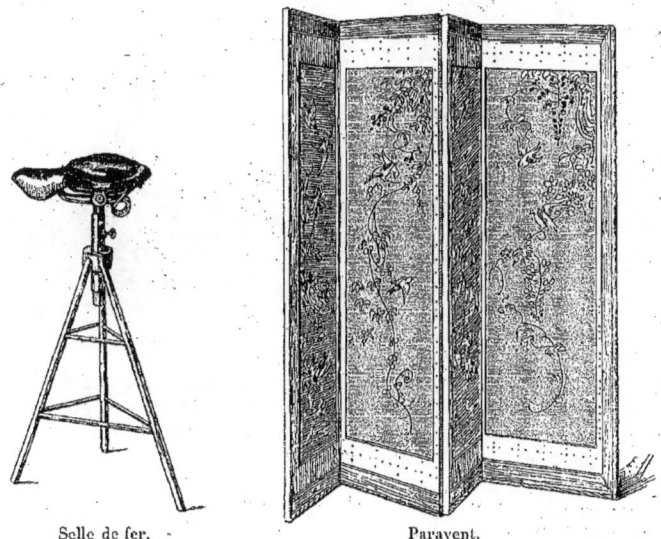

Selle de fer. — Paravent.

Ce qui est utile et pratique, par excellence, c'est une selle de fer rembourrée, comme celle dont on se sert pour monter à bicyclette ;

ce siège permet de se déplacer facilement, de travailler presque debout. Comme on est moins confortablement assis, on se déplace et se recule plus souvent, ce qui est nécessaire pour voir l'effet à la distance voulue.

Certains artistes dont le temps est précieux n'ont dans leur atelier, qu'un seul siège, fait comme celui qui vient d'être décrit. Cette selle a pour eux l'avantage de ne pouvoir être offerte à un visiteur et, comme l'atelier n'en possède pas d'autres, la visite se trouve abrégée.

Les paravents. — Les paravents sont utilisés très fréquemment pour différents emplois et sont nécessaires pour placer les draperies qui servent de fonds aux portraits, natures mortes, etc.... Leur déplacement facile permet de donner aux fonds le recul désiré, et l'éclairage jugé nécessaire.

La lampe et ses réflecteurs. — Une lampe d'une grande puissance d'éclairage est un outil dont l'atelier doit être pourvu ; tous les systèmes

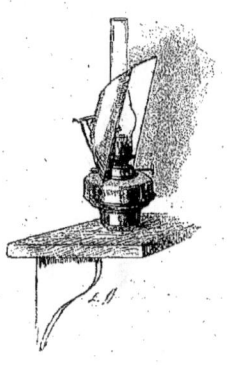
Lampe avec son réflecteur.

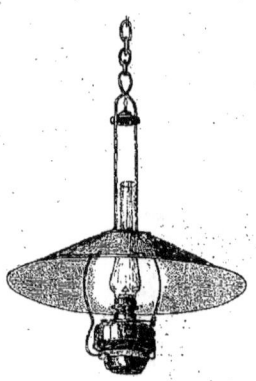
Lampe fixe.

peuvent être employés en attendant l'éclairage au gaz acétylène qui, paraît-il, ne change pas les tons des couleurs et va permettre aux peintres de travailler le soir, ou de remplacer par cette lumière le jour défectueux des journées de décembre.

Une lampe fixée au plafond, mais pouvant aussi se déplacer est infiniment commode, pourvu qu'elle soit munie de deux sortes de réflecteurs se changeant à volonté.

Les selles de sculpteurs. — Une selle très petite et très basse pouvant se placer sur une table sera utile pour travailler le soir avec une lampe, quand, pour occuper les loisirs des longues soirées, on modèlera des animaux, ou des figurines servant à faire des esquisses, comme nous l'expliquerons dans un chapitre spécial.

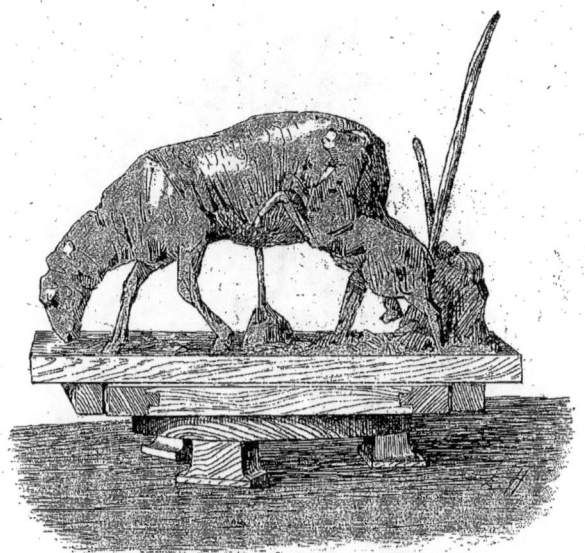

Selle de sculpteur pouvant se poser sur une table.

Une selle plus haute servira dans le jour et pour les études plus importantes comme il sera dit autre part.

La plastiline. — La plastiline est une terre à modeler qui a l'avantage de ne pas sécher; elle supprime donc le soin d'y appliquer des linges mouillés dont l'oubli pourrait avoir de graves conséquences. Il sera bon de s'en procurer un pain assez fort, cinq ou six kilos au moins. On verra plus tard, combien il est indispensable aux peintres de faire un peu de modelage pour aider la mémoire, quand on cherche un mouvement ou une forme d'ombre portée.

Il sera utile aussi de conserver une réserve de petites caisses et bottes en bois et en carton de toutes dimensions, pour aider à la construction des maquettes, pour les esquisses. On verra plus loin ce que nous disons au sujet des esquisses.

Des porte-manteaux. — Des porte-manteaux seront installés aussi dans les endroits favorables pour accrocher les costumes, les chapeaux, les draperies, etc.... si indispensables à tous les peintres.

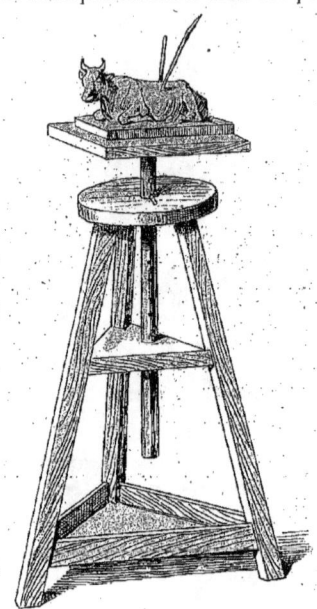

Selle de sculpteur sur pied à coulisse.

Toiles, panneaux, cartons et papiers préparés pour peindre. — On peut employer tour à tour, toiles, panneaux, cartons et papiers préparés pour la peinture, voire même le papier ordinaire non préparé.

L'emploi et le choix de l'un ou de l'autre dépend de ce qu'on a l'intention de faire et du degré de force de l'élève ou de l'artiste.

Pour un débutant il est plus économique de peindre sur le papier préparé et préférable aussi de le préparer soi-même, en lui donnant une couche de blanc pur si celui qu'on a acheté est préparé en jaune, ou bien, en donnant deux couches de blanc sur un papier un peu fort, qui n'aurait encore subi aucune préparation. Les études sur papier peuvent ensuite se coller sur des cartons, des panneaux ou des toiles, si on veut les conserver indéfiniment sans danger d'altération ; on nomme cette opération maroufler.

Pour un artiste, le papier ne sera utilisé qu'en cas de voyage, parce qu'il est facile de le transporter, quoique la toile non montée sur châssis soit encore préférable. Certains artistes lorsqu'ils voyagent, font aussi des études rapides sur du papier gris non préparé. La pâte en absorbant le liquide permet les retouches immédiates qui facilitent l'exécution, il est facile d'en faire l'essai, cela est toujours instructif.

La toile ordinaire, sur châssis ordinaire, est la plus généralement employée, toujours en raison de la modicité de son prix. Il est d'ailleurs très facile de transporter une toile ordinaire sur un châssis à clés et au besoin de doubler la toile ordinaire par une toile fine.

Il est préférable de choisir, pour peindre, des toiles, panneaux, cartons ou papiers apprêtés d'un ton gris clair ou même apprêtés en blanc pur. Les apprêts d'un ton plus ou moins foncé ont l'inconvénient de faire noircir rapidement les peintures surtout lorsqu'elles sont peu chargées de couleurs, comme cela se produit dans les *esquisses* ou dans les *pochades* exécutées vivement. La toile fine sur châssis à clés est préférable comme solidité ; d'abord elle est moins sujette à se crever dans un choc, le tissu étant plus fort ; elle a, de plus, un avantage très grand, celui de pouvoir se retendre quand elle est détendue, sans qu'on soit obligé de la reclouer, ce qui est un travail assez long et même difficile, quand on n'a ni la pratique, ni l'outil nécessaire.

Disons, en passant, que cet outil est une pince dentelée, comme celle dont se servent les ouvriers tapissiers pour tendre les étoffes et les tapis.

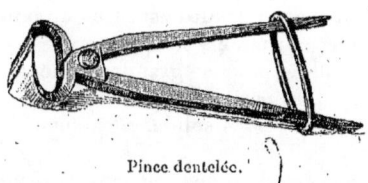

Pince dentelée.

Il est donc nécessaire de posséder une pince, comme celle que représente le dessin, puisqu'elle sera souvent indispensable à l'atelier ; ces pinces se trouvent chez les marchands de quincaillerie.

Le châssis à clés. — Le châssis à clés est absolument indispensable pour les toiles de grandes dimensions qui se détendent toujours et finissent par flotter comme un drapeau. Dans cet état, il devient impossible de peindre dessus. C'est alors qu'on la retend au moyen des clés placées dans les angles du châssis. Ces clés sont des coins qui entrent dans le châssis ; quand on les frappe, ils écartent les parties du châssis, qui, en s'éloignant, retendent la toile.

Les toiles de petites dimensions, depuis le numéro *un* jusqu'à la toile de *douze*, peuvent se passer de clés, car elles se détendent rarement.

Si tous les tableaux de valeur ont des châssis à clés, même les plus petits, c'est tout simplement par coquetterie, car cela seul leur donne déjà un aspect riche et précieux.

On se sert également de panneaux pour peindre de petits tableaux;

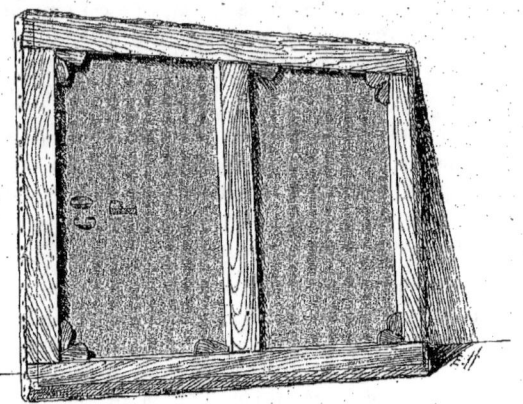

Châssis à clés.

ces panneaux se font avec toutes les essences de bois : peuplier, noyer, chêne, acajou, érable, citronnier, etc....

Quand on les emploie pour de grandes dimensions, on les renforce à l'envers au moyen d'un parquetage, pour qu'ils ne se fendent jamais et qu'ils soient en même temps solides et luxueux.

Nettoyage et conservation des outils. — Le nettoyage des brosses et des pinceaux doit se faire avec soin, chaque fois qu'on cesse de travailler.

Les pinceaux doivent être l'objet de soins particulièrement attentifs, car, si on négligeait de les nettoyer ils deviendraient durs et ne rendraient plus les services qu'on attend de chacun d'eux. Quand on peint tous les jours, il suffit après chaque séance de laver les pinceaux dans l'essence de térébenthine contenue dans le pincelier.

Quand les pinceaux ont été lavés dans l'essence, on les essuie avec un chiffon, en pressant les poils de bas en haut, afin de leur donner la forme qu'ils avaient, étant neufs et qu'ils doivent garder en séchant.

Si les pinceaux ont été quelque temps sans servir, ils seront devenus secs et impropres à tout service. Dans ce cas, il faut les savonner avec du savon noir en pâte, puis les essuyer et les laisser sécher quelques heures, après lesquelles ils auront retrouvé toute leur souplesse primitive.

Les brosses peuvent se nettoyer de la même façon ; cependant, il est préférable de les savonner après chaque séance. Les soies étant plus fermes et plus fortes que la martre, il n'y a pas à craindre l'inconvénient de les voir devenir trop molles, ce qui arriverait immanquablement pour les pinceaux qui seraient savonnés chaque jour.

Le savonnage pour les brosses a l'avantage de les assouplir, au point de les conserver bonnes indéfiniment et de les rendre utilisables bien longtemps après que la fleur en a été usée.

Nettoyage de la palette. — Quand on a terminé la séance de peinture, il est nécessaire de nettoyer la palette avec beaucoup de soin. A l'aide d'un couteau à palette droit, on enlèvera d'abord les couleurs impures qui adhèrent aux couleurs propres, et on les déposera sur une partie de la palette, en ayant soin de bien essuyer le couteau chaque fois qu'on s'occupera d'une couleur différente. Puis, lorsque toutes les couleurs auront été débarrassées des impuretés, on enlèvera les tons qui auront servi à l'étude ; ensuite, à l'aide d'un chiffon, sur lequel on versera quelques gouttes d'essence de térébenthine, on essuiera la palette jusqu'à ce que le bois réapparaisse.

Une propreté et un soin extrêmes sont essentiels pour obtenir des tons frais.

Quand la palette aura été ainsi débarrassée des couleurs inutiles, on la renfermera dans la boîte, pour que les couleurs qui sont restées dessus sèchent moins vite.

Si on laissait la palette chargée pendant plusieurs jours sans s'en servir, les couleurs sécheraient, et on ne pourrait plus les employer. Le siccatif qu'elles contiennent agissant en effet aussitôt que les couleurs sont exposées à l'air ; il se formerait une peau qui les recouvrirait et qui augmenterait d'épaisseur avec le temps, jusqu'à ce qu'elles soient totalement sèches et durcies.

Quand on a laissé sécher les couleurs et qu'on veut s'en servir, on refait la palette en débarrassant chaque couleur de l'enveloppe qui la recouvre.

On se sert à cet effet de la pointe du couteau à palette, à l'aide duquel on détache cette pulpe en la coupant tout autour. L'intérieur apparaît alors frais et souple comme le jour où la couleur est sortie du tube.

Réparation des toiles. — Quoique les toiles tendues sur châssis semblent très fragiles, il n'arrive que rarement des accidents sérieux même dans leur transport en voyage, où les employés des Compagnies de chemin de fer, les voituriers, garçons d'hôtels etc... n'ont pas toujours le soin qu'on aurait le droit d'attendre d'eux. Il est vrai que l'artiste prend généralement plus de soin de ses études que de lui-même et qu'il les protège de toute sa vigilance. Quoi qu'il en soit, il arrive souvent que des contusions se produisent dans les toiles qui en demeurent bossuées, quand ce n'est pis. Pour ce simple accident, il suffit de mouiller légèrement l'envers de la toile ; l'eau en détrempant la colle retendra le tissu et la toile deviendra aussi plane qu'avant l'accident dès que tout sera sec ; si le châssis est muni de clés, il sera utile de les chasser légèrement avec un marteau.

Toile crevée. — Lorsque la toile sera crevée sérieusement, voici ce qu'il faudra faire pour la réparer : poser la toile à plat, la *peinture en dessous*, sur un marbre quelconque, table ou dessus de meubles ; à défaut

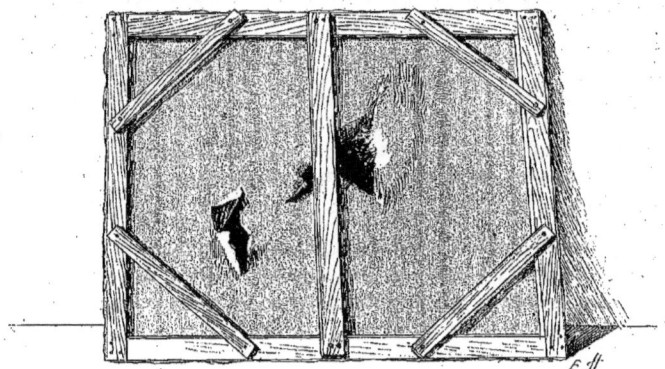

Toile crevée.

de marbre, une table en bois suffira, pourvu qu'elle soit bien unie, sans trous, ni saillies occasionnés par le désassemblage des bois ou toute autre cause.

On commencera par rapprocher les lèvres de l'accroc, en ayant soin de ne pas couper les barbes occasionnées par les fils de la toile. Cela fait, on prendra un morceau de vieille toile, *très vieille, la plus vieille possible* (la grosse toile à torchons quand elle est bien usée est préférable à toute autre). La toile dite : *toile à coller* dont se servent les colleurs pour tendre les papiers dans les appartements, est aussi très bonne pour faire ce travail. On coupe un morceau de cette toile, en ayant soin qu'il soit de quelques centimètres plus grand que la partie trouée et puisse la recouvrir, en débordant tout autour de un à deux centimètres.

Si cette opération se pratique dans l'atelier du peintre, ou s'il a toutes les facilités désirables il prendra un récipient quelconque et y fera fondre un morceau de cire jaune, comme celle qui sert à frotter les parquets. Quand la cire sera liquide il y trempera la pièce de vieille toile, et l'appliquera ensuite sur la partie crevée, en ayant soin de bien lisser et aplatir le tout avec un fer à repasser le linge. Si on ne peut faire fondre la cire, il faudra en râper un peu, à l'aide d'un couteau. La cire en petites parcelles minces sera placée entre la toile du tableau et la pièce employée à la réparation, on fera chauffer le fer à repasser et on l'appliquera ensuite sur le tout. Le fer fera fondre la cire, qui, en pénétrant dans les deux tissus, rapprochera les lèvres de la plaie. La plupart de ces réparations deviennent invisibles pour un œil non prévenu. Mais, si par la nature de l'objet qui a causé l'accident, il restait trace de la partie trouée par des cavités laissées par la peinture enlevée, il serait facile ensuite d'enduire ces pores avec du blanc d'argent, à l'huile ou à la colle, et quand cet enduit serait sec, il n'y aurait plus qu'à procéder au raccord des tons.

Cette opération qui prend de l'importance dans une description, n'est qu'un jeu pour celui qui en a la pratique.

Nous pouvons ajouter un conseil qui est le fruit de l'expérience et de l'observation :

Si on laisse tomber une toile sans essayer de la retenir, elle se fera beaucoup moins de mal ; c'est en voulant éviter un accident que très souvent, et presque toujours quand il s'agit d'une toile qui tombe, on augmente les dégâts.

La bordure et le cadre d'un tableau. — Le choix d'un cadre est toujours une très importante opération, en ce sens qu'il peut avoir une action désastreuse sur l'effet de la peinture.

Le cadre est au tableau, ce que la toilette est à la femme ; ce qui sied à la brune va mal à la blonde ; ce qui avantage la femme petite et mince, nuit à la femme grande et forte.

Il ne peut donc y avoir dans le choix des étoffes comme dans le choix d'un cadre, qu'une question de goût de la part de celui qui doit prendre cette décision. Il y a aussi la mode, le goût du jour, pour les cadres, comme pour les robes ; mais ce qui est au-dessus de toutes les modes, ce qui doit préoccuper le peintre avant toutes autres considérations, c'est l'aspect sévère ou gai, simple ou compliqué, austère ou pompeux, suivant le tableau qu'il va encadrer. Quel que soit le motif qui détermine l'artiste dans son choix, il est nécessaire, indispensable même, qu'il encadre son tableau, pour se rendre compte de l'effet des colorations et de la perspective. La plus belle toile du plus grand maître sera toujours plus belle dans un cadre savamment approprié.

Bordure provisoire. — Quand on termine un tableau, il est nécessaire d'avoir le cadre, ou tout au moins une *bordure* provisoire. En effet, on s'aperçoit toujours, quand la toile est *bordée* qu'il y a des choses à modifier, des détails à simplifier, des *notes* à éteindre ou à exalter; en un mot, le cadre termine l'œuvre, et montre souvent qu'il est inutile d'ajouter, ou de détailler telle partie qu'on se proposait de compliquer par des détails superflus, presque toujours nuisibles à la bonne *tenue* de l'ensemble.

La bordure provisoire peut se faire tout simplement avec quatre planches de sapin huilé. Cet encadrement, suivant le ton général de la peinture, est souvent très suffisant, mais après en avoir fait l'essai, il est facile de le dorer à peu de frais, si cette opération semble utile. On fait soi-même cette dorure, quand on ne se trouve pas à proximité d'une ville ou qu'on n'a pas la facilité d'employer un ouvrier doreur.

Pour bronzer, il suffit de vernir le bois avec le premier vernis venu, le vernis gras à voiture est cependant préférable, et pour l'employer facilement, il sera utile de le couper par moitié avec de l'essence de térébenthine. Quand le vernis sera presque sec, mais encore très poissant, on étendra le bronze dessus, en se servant d'une patte de lièvre pour étaler la poudre plus uniformément. Le cadre peut aussi se bronzer en détrempant le bronze dans un vase quelconque, au moyen d'une eau fortement gommée; on prend cent vingt-cinq grammes de gomme arabique pulvérisée; on la fait dissoudre dans un demi-litre d'eau froide, et on ne prépare le mélange qu'au fur et à mesure qu'il devra être employé. Si le bronze restait trop longtemps dans l'eau gommée avant d'être étalé sur le cadre, il se ternirait par le vert-de-gris qu'il formerait et n'aurait plus un brillant aussi vif. On peut étaler le bronze ainsi étendu d'eau gommée, sans faire aucune préparation au préalable.

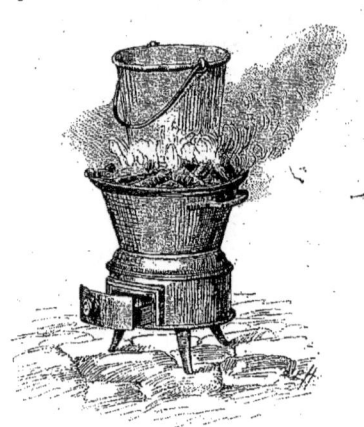

Chauffage de l'essence.

Si on veut assurer une longue durée à la fraîcheur de cette bordure au bronze, il faudra faire fondre de la cire vierge dans de l'essence de térébenthine et passer une légère couche de cet encaustique sur toutes les parties bronzées. On aura soin de laisser sécher quelques heures et on frottera l'encaustique avec de la flanelle, ou on le brossera avec des brosses faites spécialement pour brosser l'encaustique des meubles.

Pour fondre la cire il suffit de la casser en petits morceaux et de placer le récipient sur un feu de charbon de bois en ayant soin de verser l'essence de térébenthine avant de mettre le vase sur le feu. Il est utile de choisir un vase qui puisse contenir une quantité triple de celle qu'on veut préparer. L'essence étant très inflammable, il est indispensable de l'éloigner le plus possible du feu en la protégeant par la hauteur du récipient restée vide.

Pour plus de précautions, il sera bon de faire cette préparation à l'air libre, si le feu prend à l'essence, on en est quitte pour recommencer après que tout a été consumé.

La dorure au cuivre en feuille. — Cette dorure se fait comme la dorure à l'or ; la seule différence c'est que les feuilles sont en cuivre et reviennent à bien meilleur marché. On achète des *livrets de cuivre*, comme des *livrets d'or ;* ils se vendent chez les marchands de couleurs ou chez les batteurs d'or, dans les grandes villes. Pour appliquer les feuilles de cuivre il est nécessaire de peindre le bois du cadre préalablement avec une couche de peinture *très maigre*, c'est-à-dire, où il entre, comme liquide, beaucoup plus d'essence de térébenthine que d'huile de lin. Cette couche peut avoir tous les tons possibles, mais il est préférable qu'elle soit donnée en blanc pur.

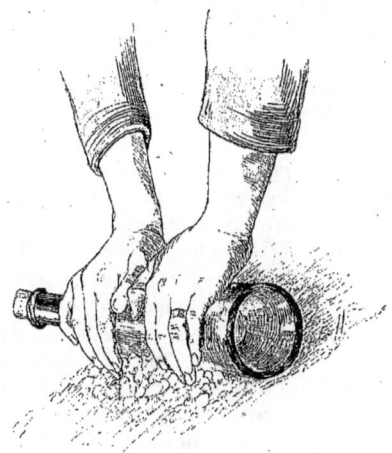

Pulvérisation du blanc de Meudon.

Si le bois offre des rugosités ou des trous, et qu'on désire obtenir un cadre plus beau, il est nécessaire de faire une préparation à la colle ; voici comment on s'y prend :

On cassera des pains de blanc de Meudon (on dit aussi blanc d'Espagne). On les pulvérisera à l'aide d'une bouteille qu'on roulera dessus, on tamisera ensuite avec un tamis en toile métallique, ou, à défaut, une passoire de cuisine, puis on versera le blanc en poudre dans un seau et on y ajoutera de l'eau ; on laissera dissoudre plusieurs heures (deux au moins), on fera chauffer de la colle de *peau* ou de la *gélatine*, la *colle de peau* est bien préférable. — Une casserole ordinaire en fer battu peut suffire, mais un pot en terre chauffé au bain-marie vaut mieux. On ajoutera à la colle fondue moitié d'eau et on la versera dans un troisième récipient, où on aura déposé la pâte de blanc de Meudon. On aura soin de mettre assez de blanc et d'eau collée pour obtenir une sorte de pâte, comme la bouillie des enfants. Il est facile d'ailleurs d'augmenter ou de diminuer la force de cette bouillie en y ajoutant de l'eau collée, mais elle doit être assez épaisse pour boucher tous les trous du bois. Quand, après quelques heures, cette couche (on peut aussi la nommer enduit à la colle) où cet enduit sera très sec, on poncera partout avec du papier de verre, et on obtiendra une belle préparation très lisse. On peut toujours remettre de nouvelles couches si la première opération n'est pas suffisante.

Lorsqu'on se disposera à dorer ou à cuivrer le cadre, il faudra procéder ainsi : acheter de la mixtion à dorer, chez un marchand de couleurs, ou bien la faire soi-même. Voici ce que dit Paillot de Montabert :

« Lorsque tout est bien sec et bien net, appliquez le gluten. Ce gluten ou cette mixtion consiste en une huile cuite, très visqueuse, très dessicative et rendue plus fluide par la présence d'une huile essentielle, telle que celle de térébenthine (on a appelé quelquefois or-couleur, le gluten qui se fait naturellement avec les vieilles huiles épaissies des pinceliers). On charge et on colore ce gluten avec un peu d'ocre très fine. Lorsque cette couche commence à se sécher et à *apper*, il faut y appliquer les feuilles d'or, à l'aide d'une queue de morue en putois, ou à l'aide de bilboquets garnis de draps, ou bien encore avec un tampon de coton. L'or s'applique aussi au livret, c'est-à-dire que la feuille d'or restant à découvert dans le livret, on applique le livret lui-même sur le gluten ; en sorte que toute la feuille quitte le papier pour passer sur le cadre. Un peu d'exercice a bientôt appris à coucher l'or uniment et avec régularité. On remplit ensuite les parties oubliées, on laisse sécher et on époussète. Cette dorure est suffisamment belle et elle peut très bien se nettoyer. »

Nous ajouterons encore ceci :

Pour faire vous-même la mixtion, achetez chez les marchands de couleurs de l'*huile grasse*; vous la couperez par moitié avec de l'essence de térébenthine et vous y ajouterez du jaune de chrome n° 2, pour donner à la mixtion un ton d'or. Cela est fort utile pour cacher les parties oubliées en appliquant l'or. Le jaune de chrome, tel qu'il existe dans le tube, est celui qui convient le mieux ; à défaut, on prendra du jaune indien, ou de l'ocre jaune.

Paillot de Montabert dit encore :

« Quelques-uns ajoutent dans l'huile quelque résine brillante et même de l'asphalte ; ce procédé rend la surface, plus unie, plus éclatante, et le poli de l'or plus beau. L'huile dite grasse, fortement chauffée dans un poêlon qu'on laisse s'enflammer lorsqu'il s'en dégage une fumée noire et qu'on éteint peu d'instant après, est encore fort bonne, pour composer cette mixture ; on en augmente encore la fluidité avec de l'essence de térébenthine. »

Si on ne peut se procurer la mixtion décrite plus haut, il suffira de deux couches de vernis gras à voiture ou de vernis copal ou autre, pour faire adhérer les feuilles d'or ou de cuivre.

Si le cadre qui va border la toile est très beau, la peinture ne pourra qu'y gagner. Les jolis écrins font ressortir la beauté des bijoux et les joailliers le savent bien.

Un cadre ne sera donc jamais trop beau, ni trop large ; cependant on peut affirmer qu'un portrait peut supporter un cadre plus riche qu'il n'est nécessaire pour un tableau de genre de bataille ou de paysage. Plus le tableau sera grand, moins la bordure aura besoin d'être large et luxueuse ; les petits tableaux, tout au contraire, demandent de larges cadres.

Le cadre noir ou en bois foncé ne fait réellement bien que pour des portraits sévères, d'hommes âgés, de magistrats en costume, de militaires, ou des portraits anciens, dits portraits d'ancêtres. Les natures-mortes, symboliques ou décoratives, comme on en peint dans les dessus de portes des châteaux ou des grands appartements, se bordent aussi avec un cadre noir, ou en bois bruni, si l'ensemble de la décoration de la pièce ne s'y oppose pas. Quel que soit le cadre choisi, il sera toujours indispensable de dorer ou de bronzer une bande pour entourer la peinture. (Cette bande se nomme le devant de cadre.) La peinture pour être réellement encadrée doit être isolée de la couleur du cadre par une partie dorée ou bronzée. On peut d'ailleurs salir l'or ou le bronze et lui donner l'apparence d'une dorure ancienne, si cela est nécessaire pour l'harmonie de l'ensemble.

Pour obtenir cet aspect, il suffit de prendre un peu de noir d'ivoire, et d'y ajouter un tiers de terre de Sienne brûlée. On fondra le tout dans un pot quelconque en y ajoutant de l'huile de lin, de l'essence de térébenthine et du siccatif de Harlem en trois parties égales. On passera une couche de cette peinture, qu'on aura soin de tenir très liquide, en peignant entièrement les parties dorées, puis après avoir laissé sécher une demi-heure, on essuiera avec un chiffon, tout ce qui, par sa saillie, pourra être essuyé ; la peinture en restant dans les creux, donnera le ton général recherché.

Les cadres foncés ne font pas un bon effet pour les tableaux clairs, tels que les effets de neige. C'est une erreur de croire que le noir encadre le blanc ; ces deux oppositions sont trop dures. Le cadre blanc encadre beaucoup mieux la peinture blanche d'un effet de neige, attendu que la neige n'est jamais blanche, mais d'un ton clair seulement, rose, bleu, jaune, etc....

Le blanc du cadre qui est un ton négatif, incolore, fait donc ressortir admirablement les finesses de colorations de la toile. Toutefois, il est indispensable de dorer les devants du cadre et, si la bordure est ornementée, il sera bon d'ajouter quelques rehaussés d'or, qui, en rappelant l'or du devant, harmoniseront l'ensemble. Le cadre blanc fait toujours très bien quand le fond d'un tableau est blanc ou d'un ton très clair. Il sied aux tableaux de fleurs claires, aux portraits d'enfants et généralement à ce qui est clair. Dans les appartements rendus sombres par les tentures, le cadre blanc et or fait aussi très bien.

Depuis quelques années, on s'est servi de cadres de couleurs claires, gris, vert-d'eau, jaune, rose, etc.... Cela est souvent heureux, mais il faut un choix judicieusement approprié et que le bon goût personnel peut seul guider. On a aussi employé, tout dernièrement, des vieux cadres en bois sculpté. On a même poussé l'excentricité jusqu'à s'en servir tels que le temps les a laissés, montrant non seulement les brisures, les parties manquantes, mais même les parties pourries et mangées par les vers. Il est évident que l'ensemble des tons de ces vieilleries, dédorées, brunies et empoussiérées constitue souvent un encadrement harmonieux si la gamme générale de la peinture est à l'unisson. Mais, pour se servir d'un tel cadre, il faut un goût très sûr et une grande expérience de l'harmonie des tons. Nous n'entraînerons pas le lecteur jusque dans l'antiquité, comme l'ont fait d'autres auteurs plus érudits, pour rechercher si les peintres de ces époques éloignées encadraient leurs peintures et de quelle nature étaient les encadrements dont ils se servaient. Il importe d'autant moins que l'introduction du *plein air* dans la peinture moderne, a bouleversé quantité de règles que les anciens croyaient immuables. Nous terminerons en disant que la peinture a besoin d'un cadre et que ce cadre peut varier à l'infini, selon le sujet et la coloration du tableau. « Tableau sans cadre, femme sans parure, » dit un vieux proverbe ! On sait que les proverbes sont la sagesse même.

Les huiles employées pour peindre. — Les anciens traités de peinture nous parlent tous des huiles employées par les vieux peintres dans leurs travaux et du soin qu'ils apportaient à leur choix.

Cela prouve combien cette question peut être controversée. Nous ne discuterons pas, si, au point de vue chimique, l'huile de noix des Italiens vaut mieux que l'huile de lin des Français et des Flamands. L'huile d'œillette qu'on emploie généralement pour broyer les couleurs nous semble cependant être encore supérieure à toutes les autres, et nous conseillons son emploi, ou, à défaut, l'huile de lin clarifiée.

Ces huiles se trouvent toutes préparées dans le commerce, mais si on veut faire soi-même cette clarification, voici un moyen très pratique, que nous empruntons à un savant ouvrage, *l'Art de la peinture* de Ch. Rudhardt [1]. Voici ce que nous dit l'auteur :

« Toutes les huiles de lin, grasses ou autres rectifiées par n'importe quel procédé, noircissent rapidement, détruisent les colorations et produisent du fendillement.

« On ne doit employer que des huiles filtrées au charbon animal (noir d'os). Après les avoir filtrées et mises dans des bouteilles de verre blanc, on les exposera à la lumière, sur une fenêtre, à l'abri du soleil, qui les ferait trop épaissir.

« Avoir soin que les bouteilles soient pleines et bien bouchées ; les huiles se décolorent rapidement par ce moyen et, avec le temps deviennent claires comme de l'eau. »

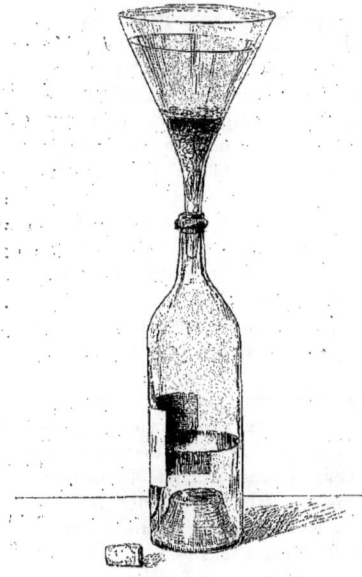

Filtrage de l'huile.

Filtrage des huiles et essences. — « Toutes les huiles contiennent des mucilages et des essences de résines dont il importe de les débarrasser. Ces corps constituent des causes d'altération qu'il faut éviter au moyen du filtrage par le charbon animal (noir d'os), voici le procédé :

« Ayez un entonnoir en verre blanc, assez grand, ce qui est plus commode et plus expéditif ; placez au fond, sans trop presser, un tampon de grosse charpie de toile, que vous engagez un peu dans la partie étroite de l'entonnoir Sur ce tampon, mettez environ un centimètre de gros sable. (La charpie aura été disposée de manière à ne pas laisser couler le sable.) Puis sur le sable, établissez un lit de charbon animal, de deux à trois centimètres d'épaisseur, sans tasser, puis, placez dessus une rondelle

---

[1] Paris, 1895, Henri Laurens, éditeur.

de papier buvard qui le recouvre, chargez-la d'un centimètre de gros sable, versez le liquide, sans rien déranger et laissez filtrer dans une bouteille de verre blanc, afin de voir ce qui se passe au travers.

« Si le filtre est fait convenablement, vous obtiendrez des liquides parfaitement purs, ne contenant aucun corps étranger ; les huiles seront décolorées de moitié et rendues plus siccatives et plus fluides.

« Le filtrage au papier est insuffisant, et rien ne peut offrir, comme épuration, les avantages du charbon animal. »

Après ce qu'on vient de lire, nous n'ajouterons que ceci : malgré la clarification parfaite, employez le moins d'huile possible en peignant.

Le siccatif de Harlem. — Ce siccatif est préférable aux autres, tels que le siccatif de Courtrai, le siccatif du Soleil, etc.... Il a aussi l'avantage de ne pas dégager une mauvaise odeur comme le siccatif de Courtrai.

Le siccatif est indispensable ; il faut l'employer pur, quand on se sert de certaines couleurs trop longues à sécher, telles que la laque de Garance, la laque ordinaire, la laque jaune de Gaude, la laque rose, et en général toutes les laques, tous les noirs et le brun Van Dyck.

Les vernis à retoucher. — Pendant le cours de l'exécution d'un tableau, il se produit des *embus* qui, non seulement altèrent les valeurs, au point de les transformer complètement, mais encore altèrent tellement les *colorations*, que tout travail devient impossible.

Nous expliquerons dans un chapitre spécial les causes de l'embus, ainsi que le moyen de les éviter le plus possible et de les faire disparaître.

Deux vernis sont employés à cet effet, le vernis *Damar* et le *vernis à retoucher* du peintre Vibert. Nous nous sommes servi, avec succès pendant de longues années, du vernis *Damar* qui est très bon, mais un peu visqueux et long à sécher ; néanmoins il est très recommandable. Depuis l'apparition du vernis Vibert, nous avons constaté que ce dernier est préférable, à cause de la rapidité avec laquelle il sèche et aussi parce qu'il est absolument incolore. Ce vernis, qui est à base de pétrole, se volatilise instantanément et permet de repeindre avec facilité, en servant de lien aux deux couches de couleur qu'il sépare et qu'il aide à se souder.

Le vernis définitif. — Il y a plusieurs vernis et aussi beaucoup de recettes pour en préparer, dans les livres que nombre d'auteurs ont écrit à ce sujet. Il nous serait facile d'y puiser tous les renseignements et de les donner ici, mais nous savons, par expérience, que le peintre, artiste, élève ou simplement amateur, n'aime pas à passer son temps, en expériences, rendues souvent inutiles par le manque de tel ou tel ingrédient impossible à se procurer immédiatement. Nous nous bornerons donc à dire que le meilleur vernis est le vernis *mastic*, et qu'on le trouve tout préparé chez les marchands de couleurs fines. La peinture peut être vernie aussitôt qu'elle est suffisamment sèche pour ne pas se détremper pendant le vernissage; mais il sera prudent de se contenter de vernir provisoirement avec le vernis Vibert, et d'attendre quelques semaines pour vernir définitivement. Un vernis étendu trop tôt sur des couleurs mises avec empâtement pourrait causer des ravages très grands, en faisant *faïencer* ou *craqueler* la peinture, ainsi qu'il sera expliqué autre part. Avec le vernis Vibert, qui est extrêmement léger, il n'y a aucun danger d'altération.

Il est urgent de vernir la peinture, attendu que le vernis protège la couleur de l'altération occasionnée par les émanations ammoniacales de l'air. Le blanc d'argent et surtout le blanc de plomb changent rapidement, ils jaunissent et noircissent, il est facile de s'en rendre compte sur une palette qui est restée plusieurs mois chargée. Quand on veut la gratter, on constate la différence entre du blanc entre la partie restée exposée à l'air et celle qui ne l'était pas. Cette différence est tellement grande qu'on se demande si dans vingt ans, il restera trace de quelque chose sur un tableau peint avec de telles couleurs.

L'expérience nous rassure heureusement, en nous montrant que les blancs ne noircissent pas, par la suite, dans la même proportion. Néanmoins nous engageons les élèves à ne pas se servir des blancs de plomb; le blanc d'argent est bien préférable et le blanc de zinc est encore plus recommandable; nous en reparlerons plus longuement.

Le dévernissage d'un tableau. — Quand on veut nettoyer un tableau la première opération à faire consiste à enlever le vernis. Cela s'entend pour un tableau qui serait en très mauvais état. Pour les tableaux qui ne sont que salis par la poussière ou toute autre cause, il suffit de passer un coup d'éponge avec de l'eau ordinaire, de bien essuyer et sécher avec un vieux linge et de frotter ensuite avec un foulard de soie. Quand le tableau a besoin d'être déverni il faut s'y prendre comme nous allons l'indiquer.

Nous ne saurions mieux faire que de laisser parler Paillot de Montabert, voici ce qu'il dit dans son traité complet de la peinture, au sujet du *nettoiement*.

Dévernissure. — « La première opération nécessaire pour le nettoiement d'un tableau, est celle qui consiste à enlever le vernis, dont presque toujours les peintures sont couvertes. J'entends parler des vernis ordinaires sans huile, et non des vernis gras, si tenaces, si durs, et incorporés quelquefois dans la peinture. L'enlèvement de cette espèce particulière de vernis appartient à l'art du nettoiement; mais l'enlèvement du vernis ordinaire, sans huile, est facile et peut être pratiqué par tout le monde.

« On peut distinguer deux manières d'enlever le vernis ordinaire des tableaux : 1° à sec par pulvérisation ; 2° en détrempant, ou par dissolution. Voici la manière d'enlever le vernis par frottement et par pulvérisation avec les doigts. Nous copions ce que dit à ce sujet M. Bouvier : Mettez le tableau sur une table et déposez, pour commencer une pincée de colophane en poudre, sur un des angles du tableau et, sur l'une des places les moins importantes, et frottez-en avec le bout des doigts la partie que vous attaquez. Bientôt elle mettra le vernis en poussière. Cette place étant une fois entamée, le reste suivra de proche en proche, et la poussière même du vieux vernis vous servira de véhicule et vous aidera à réduire en poussière tout le reste.

« Il ne faut pas vous servir d'autre agent que les doigts, parce qu'ils ont la sensation de ce qu'ils font, et vous avertissent quand il faut s'arrêter.

« On doit s'armer de patience, car ce travail est long ; il ne faut pas frotter trop longtemps de suite à la même place, de crainte de trop user et d'enlever la peinture, surtout dans les chairs et dans les parties où l'on présume qu'il y a des glacis. Il vaut mieux ôter d'abord le plus gros et nettoyer de temps en temps la poussière, pour voir plus nettement ce qu'on fait, mais il ne faut rien mouiller. L'on prend une barbe de plume ou une patte de lièvre, pour écarter cette poudre et l'on souffle dessus pour nettoyer ce qui en reste. Quand tout le tableau est entamé et qu'il est mat partout, on le nettoie avec plus de soin, mais toujours sans humecter, et l'on recommence à user ce qui peut encore rester de vernis. Quand on s'aperçoit qu'une partie ne produit plus de poussière, l'on avance, en suivant de proche en proche, et non pas par places isolées, jusqu'à ce qu'on ait la certitude d'avoir entièrement enlevé le vernis. On sent qu'en approchant de la fin du frottage, il faut procéder avec encore plus de ménagement ; mais dans aucun cas, il ne faut appuyer fortement les doigts, sur la toile, tant pour ne pas creuser des cavités, que pour ménager la peinture. L'on s'attache avec plus de soin à enlever le vernis sur toutes les parties lumineuses et claires, et sur lesquelles la teinte enfumée cause le plus de dommage, comme aux chairs, aux linges, aux ciels, etc... Il ne faut pourtant pas négliger les parties brunes, comme les fonds ou les ombres très obscures de certains objets auxquels on attache moins d'importance. Les ombres des chairs demandent autant de soin que tout le reste, si on veut leur rendre leur première transparence, sans laquelle elles ne seraient plus en harmonie avec les lumières et paraîtraient comme des taches noires. »

Paillot de Montabert continue :

« Passons à la manière d'enlever le vernis en le détrempant par dissolution : L'essence de térébenthine et l'esprit-de-vin surtout, ou l'un et l'autre mêlés ensemble, ne manquent pas de dissoudre promptement les vernis ordinaires destinés à lustrer les peintures ; mais ces liqueurs sont bien mordantes, et peuvent, étant employées par une main novice, attaquer les couleurs légères qui composent la couche supérieure de certains tableaux. Il faut donc user de ce moyen avec beaucoup de précaution ; l'esprit-de-vin, associé à l'essence, est par-dessus tout à redouter. On imbibe donc légèrement un petit morceau de coton cardé et on en frotte le vernis, qui aussitôt se détache et se fixe sur le coton ; on retourne, on replie celui-ci et on nettoie à une autre place.

« Cette première opération ayant attendri ce qui reste de vernis, il faudra user de plus de ménagements encore lorsqu'on s'occupera du second nettoiement. Enfin ce moyen est si actif, qu'on a cru devoir quelquefois n'employer que de l'eau-de-vie.

« Pour cela, on se procurera, dit encore Bouvier, de la bonne eau-de-vie de vin ; on posera le tableau sur une table et, avec un linge propre et fin, ou du coton, l'on en humectera une partie du tableau pendant quelques instants sans le frotter, après une demi-minute environ l'on frottera légèrement cette partie avec le linge et l'on s'arrêtera à temps pour ne pas entamer la peinture, quand on verra que le vernis est enlevé. On ira ainsi progressivement de place en place, en avançant et en ayant soin de ne se servir du linge que là, où il est encore propre sans quoi, l'on salirait la place qu'on vient de nettoyer. Quand on a ainsi nettoyé le tableau, on l'essuie légèrement, puis avec un nouveau linge fin et plus grand (qu'on trempe dans une tasse d'eau-de-vie, tout à fait propre), l'on frotte légèrement et on lave entièrement la superficie sans laisser séjourner l'humidité que le linge y a déposée. Dans cette opération, il faut éviter d'attaquer les couleurs du tableau. »

Cette opération délicate demande une attention soutenue, et il serait prudent de ne la tenter que sur des tableaux de peu de valeur, lorsqu'on s'y essayera pour la première fois. Les *glacis* sont facilement attaquables ; comme on s'en servait beaucoup anciennement, on risquerait de détériorer une jolie peinture, si on ne savait pas très exactement reconnaître les parties peintes en glacis.

Le même auteur ajoute ceci :

« C'est avec raison qu'on a signalé les difficultés attachées à l'art de nettoyer les peintures et qu'on a conseillé aux propriétaires de beaux tableaux, de les conserver plutôt sous leur crasse que de les confier à des nettoyeurs ignorants. En effet, la valeur d'un tableau, qui n'est pas nettoyé est toujours la même, malgré les salissures qui le recouvrent, et les connaisseurs ne l'apprécient pas moins à sa juste valeur. Cette crasse les prévient en faveur du dessous, où ils sont sûrs de ne trouver aucune souillure. »

Les couleurs qui composent la palette. — Nous avons dit plus haut que le blanc d'argent et le blanc de zinc étaient seuls recommandables. Ce dernier est bien supérieur à l'autre comme fixité, il ne noircit pas et, mêlé à certaines couleurs, telles que le vermillon ou le jaune de cadmium, il les empêche de noircir. Le blanc de zinc est en outre très blanc, plus blanc que le blanc d'argent le plus beau ; il n'a que deux inconvénients, c'est qu'il ne couvre pas, et sèche très lentement. Pour le premier on y remédie en ébauchant avec du blanc d'argent et en finissant avec du blanc de zinc, si on veut obtenir des blancs très empâtés. Pour le second, nous dirons qu'on peut le faire sécher avec le siccatif, si on le désire absolument. Mais l'inconvénient de sécher lentement peut devenir une propriété utilisable pour continuer pendant plusieurs séances, un morceau important qui a besoin d'être modelé dans le frais. Le ciel d'un grand tableau par exemple, ou un torse de grandeur naturelle, un portrait, etc...

Nous ne conseillons pas le mélange sur la palette et au couteau à palette de ces deux blancs réunis en quantités égales, ainsi triturés les blancs s'altèrent et jaunissent.

Nous n'entreprendrons pas ici de dire le pourquoi de l'altération plus ou moins certaine, ou rapide de chaque couleur, pas plus que nous n'avons l'intention d'expliquer comment on doit fabriquer chimiquement les couleurs pour qu'elles soient parfaites. Des chimistes distingués l'ont fait avec autorité, et il est facile de se procurer les ouvrages de ces savants, si on est tenté de se livrer aux très longues expériences qu'exigent ces préparations.

Nous allons seulement dire, ce que nous pensons, comme peintre, des couleurs dont nous conseillons de *charger la palette*.

A la droite du blanc se place le jaune de Naples vert.

Cette couleur si jolie n'est pas durable, elle noircit ; mélangée avec le blanc de zinc, elle noircit moins vite qu'avec le blanc d'argent, mais elle s'altère encore et il est préférable de faire soi-même un ton tout semblable avec du jaune de zinc et du blanc de zinc. Nous ne la plaçons donc sur la palette que pour servir de modèle du ton.

A défaut de jaune de zinc, on emploiera du jaune de cadmium clair (n° 1) ou du jaune de chrome (n° 1). Les jaunes de cadmium sont de trois nuances n°^{s} 1, 2, 3. Ces jaunes sont plus fixes que les chromes quand on est bien certain qu'on emploie du cadmium, mais à quoi peut-on s'en assurer ? — Il paraît même, au dire de quelques chimistes distingués que le chrome vendu dans le commerce n'est pas davantage du chrome que le cadmium n'est réellement du cadmium malgré le prix élevé auquel il se vend.

Un de ces savants m'a assuré que les marchands de couleurs, remplacent le chrome par de la baryte dont le prix de revient est moins élevé et il a ajouté que nous étions très heureusement servis en cette circonstance, attendu que la baryte est un excellent produit qui ne noircit pas. Or, que conclure ? Faut-il acheter du chrome réputé mauvais à tort, puisque n'étant pas du chrome, mais de la baryte, il reste inoffensif ? Ou bien, faut-il acheter du cadmium qui ne changerait pas, s'il était du cadmium ?

Voilà une question que je ne me charge pas de résoudre et qui prouve une fois de plus, combien les anciens peintres avaient raison de préparer eux-mêmes leurs couleurs. Mais la vie fiévreuse que nous menons, peut-elle permettre d'être chimiste, broyeur de couleurs et peintres ? L'artiste qui voudra préparer lui-même ses produits trouvera-t-il le temps de peindre !

Je signale toutes ces questions sans en chercher la solution.

Il convient donc de n'employer que du blanc de zinc avec les chromes comme avec les soi-disant cadmium ; par ce moyen on aura quelque garantie de durée dans la fraîcheur des tons jaunes.

Le jaune indien. — Le jaune indien est bon ; il fait de jolis tons verts, étant ajouté aux bleus de cobalt, d'outremer ou de Prusse. Ce dernier surtout est d'une puissance de coloration très grande. Quoi qu'il en soit, je crois qu'il sera prudent de ne pas l'employer ainsi. Les effets du bleu de Prusse sont terribles, et il est préférable de bannir cette couleur de la palette, quand on n'a pas une très grande habitude de peindre. Le jaune indien peut en outre se mêler sans danger au blanc d'argent.

Pour terminer, nous dirons que les *glacis* faits avec le jaune indien sont transparents, que des glacis verts composés de ce jaune et de bleu de Prusse sont très beaux, mais, d'une manière générale, il ne faut recourir aux glacis qu'à la dernière extrémité, attendu que la quantité d'huile qu'on est obligé d'employer, les fait toujours noircir.

L'ocre jaune. — Cette ocre est une couleur très utile, très fixe, et son prix modique est une raison de plus, pour la recommander.

La terre de Sienne naturelle (ou non brûlée). — Cette terre a un très joli ton et se prête à tous les mélanges et glacis. Elle s'emploie plus généralement dans les tons foncés, les verts, les bruns, etc... Quoiqu'elle ne soit pas exempte du défaut de noircir, elle est recommandable.

La laque jaune de Gaude. — Quoique cette couleur ne fasse pas partie de notre palette, nous pensons qu'on peut l'employer dans certains cas, notamment pour peindre des fleurs. On obtient avec la laque de Gaude et du blanc d'argent des tons d'une finesse particulière et impossibles à produire avec d'autres jaunes. Nous en reparlerons dans la composition de la palette du peintre de fleurs, palette toute spéciale qui sera décrite à la partie concernant les fleurs.

La laque jaune dorée. — Cette laque, à peu près semblable à la laque jaune de Gaude, peut être employée pour la remplacer quoiqu'elle ne soit pas du même ton, ainsi qu'il sera utile de s'en convaincre en y ajoutant du blanc de zinc ou du blanc d'argent. Ces deux laques servent aussi à faire des glacis pour foncer et transformer un jaune déjà peint. Elles font aussi de très jolis verts en les mêlant au bleu d'outremer et au bleu de Prusse. Cependant nous ne cesserons de répéter que d'une manière générale, les glacis noircissent et changent rapidement. Telle couleur qui ne change pas, lorsqu'elle est employée en pâte ou en demi-pâte, change et noircit quand on s'en sert en glacis. Les laques jaunes ont en outre l'inconvénient de *bleuir*, et certains tableaux de Corot sont déjà très abîmés, à cause de la laque jaune dont le grand maître abusait quelquefois.

Le bleu de cobalt. — Le bleu de cobalt est une couleur superbe et qui peut, dans certains effets de ciel, être employé pur et par touches pour aider les vibrations, comme nous l'expliquerons en parlant des ciels et du paysage. Le bleu que donne le cobalt mêlé de blanc d'argent forme un ton tout particulier; il est chaud, profond et d'une nuance qu'on ne peut obtenir avec un autre bleu. C'est le bleu indispensable aux paysagistes.

Le bleu d'outremer. — Ce beau bleu foncé sert aussi beaucoup quand on peint des paysages. Quelquefois même, on l'emploie presque pur, en y ajoutant du blanc toutefois, pour peindre certaines parties des ciels; placé à côté d'autres bleus très fins et très harmonieux il donne un bleu un peu froid et violet. Le bleu d'outremer et le jaune indien mêlés ensemble font un très beau vert. Ce bleu fait aussi des glacis très utiles et il est indispensable pour les lointains. Cette couleur a le grand avantage d'être et de conserver fixes les autres couleurs; on l'ajoute dans les mélanges. On a acquis la certitude de ce phénomène, mais, dit Paillot de Montabert :

« De semblables observations ne seraient instructives qu'autant qu'elles seraient soutenues par des raisonnements et des exemples tirés d'opérations chimiques. Nous nous contenterons donc de constater comme un fait certain, que les carnations dans lesquelles les peintres ont employé l'outremer se sont beaucoup mieux conservées que celles où cette couleur n'existe pas. Je veux dire que le vermillon, le blanc de plomb de ces carnations ont subi peu d'altérations, tandis que ces mêmes matières se sont flétries dans les peintures à l'huile où d'autres bleus ont été employés. »

Il est inutile d'ajouter les démonstrations chimiques dont l'auteur fait suivre ce qu'on vient de lire, cependant nous pensons que ce qu'il dit plus loin est fort intéressant à connaître.

« Quelques observateurs ont cherché à désabuser les peintres des avantages prétendus de cette couleur outremer, qui ne subit jamais l'altération générale et chromatique de tout le tableau et dont la présence dans l'état pur et primitif produit nécessairement une discordance optique et rend, par opposition, sales et flétries toutes les autres teintes. Cette observation n'est pas sans fondement ; aussi par exemple, ne doit-on jamais conseiller d'exécuter une draperie avec cette couleur inaltérable ; mais s'il s'agit des carnations, s'il s'agit des ciels, l'exclusion de l'outremer serait le résultat d'une ridicule prévention ; au reste, on cite des tableaux dans lesquels on a prodigué l'outremer et qui n'en sont pas plus frais pour cela.

« Descamps nomme une confrérie des Pays-Bas, qui paya seize cents florins de Brabant pour l'outremer employé dans six tableaux peints par Van Loo. Ce moyen n'empêcha pas, dit Descamps, ces tableaux de se gâter. On sait, au reste, qu'il est facile de faire prendre pour du véritable outremer, de l'outremer falsifié, aux peintres qui ignorent le moyen de constater la qualité de cette couleur. »

Paillot de Montabert dit ensuite, après de très longues explications sur la manière de produire soi-même le bleu d'outremer, et dont nous épargnerons la fatigue au lecteur, « qu'il vaut mieux employer le meilleur, c'est-à-dire l'outremer le plus cher ». En effet, l'outremer connu dans le commerce sous le nom d'outremer n° 1, fournit beaucoup plus que les autres.

On peut ajouter qu'en cela, comme en beaucoup d'autres choses, le plus cher est encore le meilleur marché.

Le bleu céleste ou cœruleum. — Le bleu céleste plus connu dans le commerce sous le nom de bleu cœruleum est un bleu clair, plus clair et d'un autre ton que le bleu de cobalt. Cette nuance est aussi très utile pour peindre les ciels ; nous en conseillons l'emploi, car il ne noircit pas. M. Poilpot s'en sert presque à l'exclusion des autres bleus pour les ciels de ses panoramas, et il affirme que cette couleur est la plus fixe de tous les bleus.

Nous ne la comprenons pas dans l'énumération des couleurs fondamentales de notre palette, parce qu'elle ne nous semble pas indispensable, mais elle peut en certains cas, être utilisée avec avantage.

Le bleu de Prusse. — Cette couleur n'est pas absolument bannie de notre palette et nous nous en servons quelquefois, car nous en admirons la beauté et l'incomparable puissance de coloration, mais malgré ce qu'en disent certains auteurs, nous la considérons comme d'un usage dangereux. Elle altère et dévore certains tons dans les mélanges et il est préférable de s'en passer le plus possible en se servant du vert émeraude qui lui est bien supérieur. Nous en reparlerons dans la deuxième partie.

Le vermillon. — Le vermillon est un rouge éclatant que rien ne peut remplacer; il est très solide, étant employé pur, mais il noircit rapidement lorsqu'il est mélangé avec le blanc d'argent ou de plomb. Pour se servir de cette couleur sans danger d'altération, il faut employer le blanc de zinc, quand on veut faire des tons roses avec le vermillon. Il ne faut employer que le vermillon de Chine qui est d'un beau rouge, celui qui a un ton jaune est suspect de mélanges qui lui retirent sa solidité.

La laque de géranium. — Quoique cette superbe couleur ne fasse pas partie de notre palette, nous en parlerons pour les services qu'elle rend aux peintres de fleurs. Cette laque a la propriété de donner des roses d'une coloration inimitable, avec d'autres laques. En glacis, ou en demi-pâte, avec le vermillon, on obtient une puissance de coloration sans égale. On assure qu'elle se décolore à l'air, et que des tons roses obtenus avec cette laque mêlée de blanc d'argent, redeviennent complètement blancs au bout d'un certain temps.

Nos observations personnelles contredisent cette assertion, car nous avons constaté que des fleurs de pavots, peintes avec de la laque de géranium avaient conservé toute leur puissance et tout leur éclat six années après leur exécution. Il est vrai de dire que cette laque avait été employée en pleine pâte avec le blanc d'argent. Ce qu'on affirme au sujet de sa décoloration, s'applique peut-être plus spécialement à son emploi en glacis.

La laque de garance rose. — Cette couleur transparente, comme la gélatine, donne malgré son peu de puissance colorante, de très beaux tons roses, quand on la mêle avec le blanc de zinc; elle est solide et peut être employée sans crainte de la voir noircir. Elle rend des services pour glacer et remonter des tons trop pâles. Cette couleur convient principalement aux peintres de fleurs, mais elle est fréquemment utilisée pour faire des lointains dans les fonds des tableaux de paysage. Dans les tons de chairs et employée en glacis, elle sert également. Mais nous avons dit ce que nous pensons en général des glacis et de leur peu de durée; nous n'y reviendrons plus.

La laque ordinaire. — Ce ton rouge de la laque ordinaire est très beau et très utile à tous les genres de peinture. Cette couleur a aussi la vertu de peindre plus que les laques de garance, car ces dernières glacent, même étant employées en dernière pâte, quand on peint sur un dessous clair; tandis que la laque ordinaire couvre même sur un dessous tout blanc.

Cette laque mêlée au bleu d'outremer produit un très beau violet qu'il est utile de composer d'avance, comme il sera dit en temps opportun.

La laque fine et la laque carminée. — Ces laques ont des tons qui varient un peu de la laque ordinaire; elles sont très belles et très colorantes; on peut les avoir sur sa palette; mais nous estimons qu'une de ces trois dernières suffisent. On pourra donc en éliminer deux et garder seulement la laque ordinaire qui est la moins coûteuse.

La laque de garance foncée. — On peut se servir sans aucune crainte de cette belle laque; elle est solide et fixe. Sa coloration particulière nous la fait recommander dans la composition de la palette.

L'ocre rouge. — L'ocre rouge est une terre naturelle calcinée, comme la terre de Sienne brûlée; elle s'obtient en calcinant l'ocre jaune. C'est une couleur très belle et très solide, dont on se sert beaucoup pour peindre les tons de chairs. On peut remplacer l'ocre rouge par le rouge de Pouzzoles qui est plus doré, tirant plus sur le jaune et qui convient mieux pour les glacis, mais pour peindre des figures, l'ocre rouge est d'une plus grande utilité.

La terre de Sienne brûlée. — L'emploi de la terre de Sienne brûlée est très recommandable, car cette couleur ne change pas. Elle se prête à tous les usages de la palette et peut être appelée à rendre les mêmes services, soit qu'on veuille peindre en pâte, en demi-pâte, ou en glacis. Son mélange avec le bleu de Prusse donne un très beau vert qui peut servir dans les tons très foncés. Si la terre de Sienne brûlée ne peut être utilisée que rarement, quand on peint des tons de chairs, elle est tout au contraire d'un emploi nécessaire pour peindre les natures mortes et le paysage, ainsi que nous le démontrerons.

Le brun Van Dyck. — Ce brun est une couleur dont on peut aisément se passer, mais néanmoins, il figure sur notre palette pour les quelques services qu'il rend dans les tons neutres, principalement dans les tons gris. Le brun Van Dyck, mêlé au blanc d'argent, produit un ton gris et chaud très utilisable. Il rend aussi de grands services dans les tons très foncés pour obtenir un noir chaud.

Noir d'ivoire. — Cette couleur est indispensable aux tons foncés qu'elle assourdit ; avec le noir d'ivoire, on fait un joli gris en y ajoutant du blanc d'argent. On fait aussi un ton vert, utile pour peindre le paysage, en faisant un mélange de noir d'ivoire et de jaune de cadmium clair.

Ce noir se prête aussi à des mélanges utiles avec le jaune indien et avec la terre de Sienne naturelle. On remplace le noir d'ivoire par le *noir de pêche*, le *noir de bougie*, le *noir de bouchon* ou *de liège*, pour peindre des tons très foncés, bien qu'ils aient chacun leur ton tout particulier, ainsi qu'il sera aisé de le constater en les essayant l'un après l'autre par un mélange de blanc d'argent. Cette opération qu'il est indispensable de faire souvent, et avec toutes les couleurs, afin de se familiariser avec toutes les ressources dont la palette dispose, montrera que les gris obtenus avec le blanc et les noirs sont très variés. Pour finir, nous conseillons l'emploi du *noir de pêche* pour les tons gris de certains ciels, et pour composer les tons des fonds dans les derniers plans.

Le vert véronèse. — L'éclat particulier du vert véronèse et les gris qu'il permet d'obtenir étant additionnés à d'autres couleurs, le rendent presque d'un emploi indispensable. Mêlé au blanc de zinc et au jaune de cadmium clair, il donne des verts superbes qui servent à rendre l'éclat si vif des prairies ensoleillées. Comme vert clair, dans tous les tons en général, il a son emploi tout désigné. Certains peintres l'emploient beaucoup et s'en trouvent contents ; d'autres le rejettent absolument, le déclarant mauvais. L'expérience personnelle que nous en avons faite, nous engage à le déclarer très utile et d'une solidité suffisante.

Le vert de cobalt. — Le vert de cobalt, dit Paillot de Montabert : « Est une couleur de nouvelle fabrication, et dont le mérite consiste dans son inaltération et dans la facilité de se lier avec beaucoup d'autres couleurs. »

Comme l'auteur a écrit cela de 1829 à 1851, on peut donc affirmer que les anciens peintres ne s'en sont pas servi et on ne peut pas encore constater l'effet des ravages du temps sur le vert de cobalt. Néanmoins, l'usage constant que nous en avons fait, nous permet d'en affirmer la fixité depuis de longues années.

« Cette couleur résulte de la combinaison d'un sel de cobalt avec un peu de fer et d'albumine. On peut voir dans ce produit quelque chose de fort analogue au bleu Thenard mélangé d'un oxyde de fer jaune, qui le fait passer au vert. Le vert de cobalt est une couleur précieuse et fixe qu'on peut employer sans crainte, même dans les carnations. »

Le vert émeraude. — Le grand peintre Corot conseillait uniquement le vert émeraude sur la palette de ses élèves, ayant lui-même écarté tous les autres. Voilà qui permettrait de conclure qu'il est inutile d'employer d'autres verts. Mais Corot, qui était bien plus un harmoniste qu'un coloriste, doit-il être obéi à la lettre dans le conseil qu'il nous donne ? Les tons gris verts affectionnés par le maître étaient certainement d'une finesse très grande, mais ne peut-on affirmer, malgré le profond respect que nous professons pour son œuvre géniale, que ces verts lui étaient personnels, attendu qu'il a peint presque constamment l'heure grise et fine, où les verts du paysage sont atténués, simplifiés, noyés, pour ainsi dire, dans les vapeurs humides de l'ambiance matinale qu'il chérissait.

On sait que Corot ne peignait que de grand matin, qu'il se reposait dans la journée et ne reprenait la palette que le soir. Or, le soir éteint aussi les tons du paysage qui se trouvent enveloppés dans des brumes violettes et bleues. Il était donc facile, au grand paysagiste, de se passer de tous les tons verts possibles, ayant le vert émeraude à sa disposition, puisque à cette heure, tout devient neutre, et que les couleurs ne sont plus que relatives, que le ton lui-même importe peu, si les valeurs ont été justement observées. Chacun sait d'ailleurs que la recherche de la justesse des valeurs était la grande préoccupation de cet homme de génie.

Quoi qu'il en soit, et malgré notre respect pour les conseils de Corot, nous pouvons recommander l'emploi des verts cités plus haut, quand on fera des études où il se présentera une grande variété de tons verts, comme dans un sous-bois au soleil. Nous reviendrons sur ce conseil.

Avant de terminer ces considérations sur les couleurs fondamentales de la palette, nous pensons qu'il est utile d'attirer l'attention des jeunes artistes sur certaines préventions.

Quoique les conseils qui viennent d'être donnés soient le résultat d'une expérience personnelle de plus de trente années de pratique, nous n'avons pas la prétention d'être infaillible ; mais, nous avons tellement observé par nous-même et demandé si souvent à nos maîtres, à nos amis et collègues, si nos observations étaient en concordance avec les leurs, que nous sommes à peu près certain de ce que nous avons avancé. Toutefois, si dans des questions de détails il se trouvait une contradiction au sujet de la fixité de certains tons, il serait bon avant de retrancher telle couleur de la palette, de faire d'autres essais.

Les dessous jouent un très grand rôle dans la peinture ; ils peuvent détruire souvent un très bon tableau, malgré la qualité supérieure des couleurs employées, et on pourrait aussi appliquer sagement cet aphorisme de notre maître Busson à la question qui nous occupe en ce moment, quoiqu'il n'ait été émis qu'en parlant des qualités d'exécution d'un tableau, au point de vue du dessin : *Avec un bon dessous et un mauvais dessus on peut encore faire un tableau passable.*

Des dessous préparés trop noirs et avec des gratures de palettes sont tout ce qu'il y a de plus pernicieux. Ils font *craqueler* et *noircir* les tons qui sont ensuite remis dessus en peignant. Des fonds *trop gras* ont le même défaut ; ils font fendiller la peinture nouvelle. Une préparation *trop maigre* sur une autre préparation grasse se fendille en quelques jours. Quant au changement qu'on peut remarquer dans certains tons, avant de se prononcer, il sera nécessaire de tenir compte du *tour de main*. Il est quelquefois prématuré de dire : telle couleur est mauvaise ! attendu qu'une autre expérience, faite par une autre main, pourra modifier la première affirmation. Tout le monde a été en situation de constater que deux élèves de même force, munis des mêmes palettes et des mêmes liquides, ne faisaient pas les mêmes tons, quoique copiant la même chose. Cela est tout naturel, nous dira-t-on ? puisque chacun voit d'une façon particulière. Mais nous avons été aussi, très souvent, à même de constater que deux peintres employant deux mêmes tons semblables et préparés d'avance, n'ayant chacun que ces deux tons sur la palette, et ne pouvant, par conséquent, ajouter d'autres colorations, ne faisaient cependant pas le même ton. Nous avons eu très souvent l'occasion de faire cette remarque en dirigeant l'exécution de toiles panoramiques, où les tons étaient tous composés par nous.

Comment cela peut-il se faire, dira-t-on ?

Cette cause est due, comme je le disais tout à l'heure, *au tour de main* particulier à chacun. La même couleur, employée par deux mains différentes, ne donnera pas le même ton. L'un se servira de beaucoup de liquide et ne peindra pas, *frottera* ; l'autre *peindra en pâte* et couvrira davantage les dessous, ce qui donnera déjà un ton différent. De plus, la pâte de la couleur sera rayée par les soies de la brosse, et comme ces rayures seront faites dans tous les sens, elles accrocheront la lumière en produisant un miroitement, ce qui donnera dans l'ensemble un ton différent de celui qui n'aura été peint que légèrement et en frottis. En pensant que les tons de la palette ne sont pas faits d'avance, quand on peint une étude ou un tableau, comme cela se pratique dans les panoramas et dans les grandes décorations, où plusieurs peintres travaillent une même partie, il sera aisé de se rendre compte des variations qui peuvent se produire.

Si, à ces observations, on ajoute celle de l'imprévu pouvant résulter des dessous plus ou moins bien préparés, on verra qu'il faut réfléchir avant de prononcer un jugement définitif sur la qualité ou le défaut de telle ou telle couleur, puisqu'il arrive souvent que les dessous jouant leur rôle destructeur, font rejeter de la palette une couleur qui, en réalité est très bonne et qu'on est souvent heureux de reprendre après de nouveaux essais.

Pour terminer, nous allons donner des explications sur les tons composés que nous avons jugé indispensables pour la rapidité des progrès.

Ces tons que l'élève saura très vite composer lui-même, selon les besoins de la circonstance, c'est-à-dire, selon ce qu'il aura l'intention de peindre, natures mortes, paysages ou fleurs, etc..., faciliteront les recherches en les simplifiant, ainsi qu'il va être dit.

Les tons composés. — Les vingt et une couleurs fondamentales qui viennent d'être décrites pour la composition d'une palette complète seront encore augmentées dans une grande proportion par les tons composés qui facilitent la rapidité d'exécution d'après nature.

Nous avons, en effet, adopté une palette composée qui varie selon le genre et la nature de ce qu'on veut peindre. La palette du paysagiste, tout en étant la même que celle du peintre de fleurs, quant à sa composition fondamentale, n'est pas, ne peut pas lui être tout à fait semblable, bien qu'elle ait cependant avec elle plus d'analogie qu'avec celle du peintre de genre, du portraitiste, ou du peintre de natures mortes, etc...

Les tons composés que nous avons imaginés, nous ont été suggérés tout d'abord, en considérant la fraîcheur des études peintes au pastel, relativement aux études peintes à l'huile. Nous nous sommes demandé, si, en essayant de composer sur la palette des tons à l'huile par gammes claires, fraîches et dégradées, ainsi que se présentent les boîtes de pastel, quand on les ouvre, on n'obtiendrait pas plus de coloris, plus de fraîcheur et de variété dans les touches et dans l'ensemble d'une étude peinte à l'huile.

Nous en avons fait des essais qui ont été immédiatement si concluants, que nous étions déjà convaincu de l'efficacité de ce moyen, puis, nous l'avons fait essayer aux débutants, et nous avons pu constater les rapides progrès qu'ils ont obtenus, ainsi que la facilité avec laquelle ils composaient eux-mêmes tous les mélanges pour obtenir les tons qu'ils cherchaient à imiter, en essayant de rendre l'effet qu'ils copiaient.

Dans notre carrière de professeur, nous avons été si souvent frappé d'une observation que nous ont adressée presque tous nos élèves, que cette observation n'a pas été étrangère aux recherches dont il vient d'être donné un aperçu. Voici dans sa naïve simplicité, ce qui nous a été répété si souvent : *Moi, Monsieur, ce qui me gêne le plus, c'est le mélange des couleurs.*

En effet, on s'explique facilement l'embarras d'un débutant pour produire des tons clairs, en ne voyant sur la palette que des couleurs relativement foncées. Comment se douter que pour faire un ton violet et très clair, il faudra mêler ensemble du blanc, du bleu et de la laque ?

La pâte de la couleur n'est-elle pas aussi une gêne ?

Nous avons observé fréquemment qu'un élève débutant trouvait plus facilement des colorations se rapprochant davantage du ton de l'objet qu'il voulait peindre, quand il cherchait les tons à l'aquarelle.

Ceci prouve donc, que le métier de la peinture à l'eau est plus aisé, et qu'il vient plus logiquement à l'esprit du débutant, d'ajouter du liquide pour éclaircir un ton, que d'y ajouter du blanc, comme cela se pratique dans la peinture à l'huile, car le blanc a l'inconvénient d'épaissir la pâte. Il nous a été également démontré que l'emploi des pastels semblait beaucoup plus facile encore que l'aquarelle et surtout plus simple que la peinture à l'huile.

Nous avons conclu de ces observations, que ce qui semble donner cette préférence aux pastels sur les couleurs à l'huile, c'est que les pastels montrent aux yeux des inhabiles, des tons presque tout faits pour chaque chose qu'on veut peindre, et que la difficulté des colorations étant déjà en partie écartée, le débutant n'a plus guère qu'à s'occuper du dessin et des valeurs. C'est alors que nous avons établi sur notre palette des gammes de tons se rapprochant des colorations que nous voulions obtenir, et, qu'après avoir constaté la grande utilité de ces tons composés, nous les avons recommandés à nos élèves, comme nous le ferons dans la suite, en expliquant la manière de composer la palette d'un peintre de natures mortes, d'un peintre paysagiste, etc...

Avant d'en finir sur ce sujet, il ne serait peut-être pas inutile de citer une certaine analogie entre le procédé qui vient d'être décrit et celui que le grand peintre, le *baron Gros* recommandait à ses élèves ; voici, dit Charles Blanc, en citant M. Delestre auquel il emprunte ces notes dans l'*Histoire des peintres*, ce que le grand artiste enseignait :

« Gros établissait sur sa palette une série de tons composés d'après nature, répondant, dans leur ensemble, au ton général du modèle, et un à un, à chaque teinte d'un plan pris à part. Il avait soin de conserver la fraîcheur de ces teintes en ne déflorant pas les éléments entrant dans leur composition, par l'action trop prolongée du couteau à palette, pour opérer leur mixtion.

« Cette étude et cette disposition préliminaires étant faites, il s'agissait de copier la nature en opposant la couleur dans les limites tracées primitivement par le crayon. Gros établissait d'abord le ton local de sa lumière et, par opposition, l'ombre de la forme ; non pas avec des tons insignifiants, comme un frottis de bitume ou de toute autre teinte de convention, mais avec la teinte juste, portée à une valeur telle que, la toile étant couverte, cette teinte franchement posée, ne perdit rien de sa force. Il passait ensuite de l'un à l'autre de ces extrêmes, en appliquant successivement des demi-teintes intermédiaires juxtaposées. Gros ne manquait jamais de blâmer ceux qui prétendaient aller plus vite et finir davantage en noyant les teintes les unes dans les autres par le balayage de la brosse et du blaireau. Rien en effet, ne salit plus le coloris que ce procédé mécanique.

« Imitez naïvement ce que vous avez sous les yeux, disait Gros ; cherchez bien le ton sur la nature, et, quand vous avez pu le trouver sur la palette, reportez-le sur la toile, à sa place exacte et sans y revenir. Il vaut mieux, ajoutait-il, regarder dix fois le modèle et ne toucher qu'une fois la toile avec la brosse. »

« La plupart du temps, on se hâte de jeter au hasard une teinte sur la toile, avant d'en avoir calculé la valeur relative et la position. L'on recommence ainsi jusqu'à ce que l'œil soit satisfait; mais avec ces tentatives multiples, on fatigue l'organe de la vue ; on perd beaucoup de temps, et on altère la peinture par cet entassement de tons faux et fatigués.

« Il était bien entendu que le maître ne disait pas d'aller jusqu'au point d'étiqueter des échantillons de couleurs et de faire une marqueterie incohérente, mais de contenter l'œil par des séries de teintes chromatiques dont la réunion put former un ton local simple et vrai.

« Cette méthode, indiquée par la nature même, explique la rapidité d'exécution du grand coloriste, posant et laissant le ton, sauf à lui donner plus de consistance avec des glacis transparents. »

Nous terminerons donc, sur cette instructive citation, les conseils que nous croyons indispensables à tous ceux qui veulent apprendre à peindre, en nous excusant d'avoir peut-être abusé de la patience du lecteur, en insistant sur bien des puérilités. Les débutants ont tant de choses à apprendre et à retenir qu'il nous a paru nécessaire de dire, même les choses élémentaires, pour qu'aucun détail en leur échappant ne les arrête, et ne leur retire la compréhension des choses nécessaires.

Quoique beaucoup de choses dites dans cette première partie *l'Outillage* eussent été en réalité plus à leur place dans les parties qui vont suivre, puisqu'elles ne traiteront absolument que de la pratique du métier, avant de commencer nos démonstrations, il nous a paru utile d'y placer quelques appréciations sur la peinture à l'huile et sur les dangers d'employer certains produits.

Nous n'avons pas voulu affirmer que la manière, les procédés, les couleurs, les vernis et les liquides que nous recommandons soient au-dessus de toute discussion ; nous déclarons tout simplement que ce sont ceux qui nous semblent les plus recommandables.

Et, si nous n'avons pas toute la compétence voulue pour traiter les questions qui relèvent directement de la chimie, nous avons à défaut une longue expérience qui nous fait un devoir de ne pas passer sous silence des remarques qui peuvent rendre de grands services, en évitant des tâtonnements à tous ceux qui cherchent.

TABLE DES MATIÈRES

	Pages.
Appui-main.	7
Atelier du peintre.	34
Atelier ordinaire.	35
Bleu céleste ou cœruleum	62
Bleu de cobalt	61
Bleu d'outremer.	61
Bleu de Prusse	62
Boîte à pouce.	3
Boîte d'atelier.	18
Boîte de campagne.	3
Bordure et cadre d'un tableau.	48
Bordure provisoire	49
Brosses	3
Brun Van Dyck	64
Chambre claire.	24
Chambre noire	33
Châssis à clés.	44
Chevalet à contrepoids.	12
Chevalet de campagne.	10
Chevalet mécanique	9
Chevalet ordinaire.	9
Compas de réduction	30
Couleurs qui composent la palette.	59
Couteau à palette droit	5
Couteau-truelle	5
Dévernissage d'un tableau	56
Différentes manières d'éclairer le modèle.	36
Dorure au cuivre en feuilles.	50
Echelles	14
Filtrage des huiles et essences	54
Godets.	7
Grattoir	6
Greniers, galetas	37
Hémérographe	29
Huiles employées pour peindre	53

	Pages.
Jaune de Naples vert.	59
Jaune indien	60
Jaune (l'ocre).	60
Lampe et ses réflecteurs.	41
Laque de garance foncée.	64
Laque de garance rose.	63
Laque de géranium	63
Laque fine et carminée.	64
Laque jaune de Gaude	60
Laque jaune dorée.	61
Laque ordinaire.	64
Mannequins articulés.	22
Maquettes en bois	22
Miroirs.	30
Miroir noir	32
Nettoyage de la palette.	46
Nettoyage et conservation des outils.	45
Noir d'ivoire	65
Palette.	1
Parasol.	15
Paravents.	41
Peinture des murs de l'atelier	36
Pieds à coulisses en cuivre	11
Pieds chevalets	15
Pinceaux	5
Pincelier	8
Pique	16
Plastiline.	42
Poêle.	38
Porte-cartons	23
Porte-manteaux	43
Porte-panneaux	18
Porte-toiles.	16
Récipient aux liquides	20
Réparation des toiles crevées	46-47
Rouge (l'ocre).	64

TABLE DES MATIÈRES

	Pages.		Pages.
Sac	16	Terre de Sienne naturelle	60
Selles de sculpteurs	41	Toiles, panneaux, cartons, etc.	43
Siccatif de Harlem	55	Tons composés	68
Siège de campagne	13	Vermillon	63
Sièges	39	Vernis à retoucher	55
Tables	39	Vernis définitifs	55
Table à modèle	20	Vert de cobalt	65
Table sur pieds à coulisses	28	Vert émeraude	66
Terre de Sienne brûlée	64	Vert véronèse	65

ÉVREUX, IMPRIMERIE DE CHARLES HÉRISSEY

H. LAURENS, ÉDITEUR, 6, RUE DE TOURNON, PARIS.

OUVRAGES DE L. LIBONIS

Les Styles Enseignés par l'Exemple

Les Styles Français. 1 vol. in-4, avec 351 gr. Br. 20 fr. — Rel. 22 fr.

L'ouvrage est divisé en *six fascicules* comprenant chacun 16 pages de planches et 4 pages de texte et *deux demi-fascicules*, comprenant 8 pag. de pl. et 4 pag. de texte.

LE STYLE ROMAN. — Un fascicule.	**LE STYLE LOUIS XIV.** — Un fascicule.
LE GOTHIQUE. — Un fascicule.	**LE STYLE LOUIS XV.** — Un fascicule.
LA RENAISSANCE. — Un fascicule.	**LE STYLE LOUIS XVI.** — Un fascicule.
LE STYLE LOUIS XIII. — Un demi-fascicule.	**LE STYLE EMPIRE.** — Un demi-fascicule.

Chaque fascicule se vend séparément : **3 fr.** Chaque demi-fascicule (*Style Louis XIII et Style Empire*) **1 fr. 50.**

Les Styles Antiques, d'Orient et d'Extrême-Orient
1 vol. in-4, avec 250 gravures. Broché. **20 fr.** — Relié......... **22 fr.**

L'ouvrage est divisé en sept fascicules, comprenant chacun 12 pag. de pl. et 4 p. de texte.

EGYPTIEN. — Un fascicule.	**ROMAIN.** — Un fascicule.
ORIENT : ASSYRIE, PERSE, PHÉNICIE. — Un fascicule.	**ARABE et MAURESQUE.** — Un fascicule.
	INDE et CHINE. — Un fascicule.
GREC. — Un fascicule.	**JAPON.** — Un fascicule.

Chaque fascicule se vend séparément **3 fr.**

Les Styles Modernes (Europe, Art Byzantin, Arts Modernes).
1 volume in-4, avec 200 gravures. Broché. **20 fr.** — Relié....... **22 fr.**

L'ouvrage est divisé en sept fascicules comprenant chacun 12 pag. de pl. et 4 p. de texte.

BYZANTIN. — Un fascicule.	**ESPAGNOL.** — Un fascicule.
ITALIEN. — Un fascicule.	**RUSSE.** — Un fascicule.
FLAMAND. — Un fascicule.	**ANGLAIS.** — Un fascicule.
ALLEMAND. — Un fascicule.	

Chaque fascicule se vend séparément **3 fr.**

M. Libonis a choisi les spécimens les plus typiques que le temps nous ait conservés, de chaque époque et familiarise ainsi successivement l'œil de son lecteur avec les différents styles. Les dessins ont été pris dans toutes les manifestations de l'art, ou y trouve une foule de monuments célèbres, un grand nombre de reproductions des arts du bois, du tissu, de la terre, du livre (orfèvrerie, verrerie, céramique, boiserie, enluminures de manuscrits, broderies, étoffes, etc., etc.).

Cet ouvrage est tout à fait utile : car 1° l'art décoratif occupe aujourd'hui une place très importante dans la production artistique ; il est impossible de ne pas connaître à fond les « styles » et les meilleures œuvres laissées par les artistes, qui les ont en quelque sorte constitués, si plus tard on doit commander ou exécuter une pièce conçue dans l'esprit de telle ou telle époque ; 2° les dessins de M. Libonis sont d'excellents motifs à copier ; 3° ces dessins sont bien plus précieux comme documents que des photographies, car ils donnent des lignes arrêtées, faciles et nettes, ce que la photographie ne saurait faire.

L'Ornement d'après les Maîtres. 1 magnifique volume in-4,
contenant 753 motifs de décoration. Broché. **20 fr.** — Relié....... **22 fr.**

Ce volume renferme les 13 cahiers suivants :

AMOURS. — Un cahier, 44 documents.	**BORDURES et MARLIS.** — Un cahier, 71 documents.
PANNEAUX. — Un cahier, 25 documents.	
RINCEAUX. — Un cahier, 36 documents.	**CROIX.** — Un cahier, 50 documents.
MASCARONS et CHIMÈRES. — Un cahier, 84 documents.	**CADRES.** — Un cahier, 50 documents.
CONSOLES et ÉCOINSONS. — Un cahier, 83 documents.	**ROSACES.** — Un cahier, 78 documents.
	CARTOUCHES. — Un cahier, 52 documents.
GUIRLANDES et FLEURETTES. — Un cahier, 66 documents.	**TROPHÉES.** — Un cahier, 60 documents.
	FRISES. — Un cahier, 54 documents.

Chaque cahier se vend séparément **1 fr. 50.**

Cette collection de *Cahiers de Documents artistiques* est appelée à rendre de très grands services aux personnes qui cherchent pour une composition tel ou tel ornement. Quelle économie de temps en effet de n'avoir qu'à prendre son cahier de *Rosaces*, de *Cadres*, de *Rinceaux*, etc., pour trouver immédiatement 50 documents, des meilleures époques, parmi lesquels on n'aura qu'à choisir, et aussi quelle facilité pour faire un meilleur travail grâce aux rapprochements et comparaisons de forme, style, matière, qu'en combinant et feuilletant entre eux, la vue de ces documents aura fait naître à l'esprit. Tous ces documents sont puisés par l'auteur aux meilleures sources et dessinés par lui.

ENVOI FRANCO CONTRE MANDAT-POSTE.

Evreux, Ch. Hérissey, imp.

www.ingramcontent.com/pod-product-compliance
Lightning Source LLC
Chambersburg PA
CBHW070208230526
45471CB00002B/882